ADOLF ARNDT

Der deutsche Staat als Rechtsproblem

SCHRIFTENREIHE
DER JURISTISCHEN GESELLSCHAFT e.V.
BERLIN

Heft 3

Berlin 1960

WALTER DE GRUYTER & CO.

vormals G. J. Göschen'sche Verlagshandlung · J. Guttentag, Verlagsbuchhandlung
Georg Reimer · Karl J. Trübner · Veit & Comp.

Der deutsche Staat als Rechtsproblem

Von

Dr. Adolf Arndt, MdB

Rechtsanwalt in Bonn

Vortrag
gehalten vor der
Berliner Juristischen Gesellschaft
am 18. Dezember 1959

Berlin 1960

WALTER DE GRUYTER & CO.

vorm. G. J. Göschen'sche Verlagshandlung · J. Guttentag, Verlagsbuchhandlung
Georg Reimer · Karl J. Trübner · Veit & Comp.

Archiv-Nr. 272760/3
Satz und Druck: Berliner Buchdruckerei Union G. m. b. H., Berlin SW 61

Die drei Phasen des Problems

Seit 1945 bewegt uns die Frage nach dem deutschen Staat. In der Geschichte dieser Frage lassen sich drei Abschnitte unterscheiden. Unmittelbar nach dem Ende der Kampfhandlungen und mit dem Beginn der Besatzungszeit stellte sich die Frage zuerst so, ob Deutschland als Staat erloschen sei. Angeregt von dem damaligen Hessischen Ministerpräsidenten Geiler gingen aus dem von Zinn geleiteten Hessischen Justizministerium eine Reihe von Veröffentlichungen hervor, die sich dieser Frage widmeten[1]). Kurt Schumacher griff ihre Ergebnisse auf und machte sie zur Grundlage seiner politischen Haltung[2]). Die Erörterung im In- und Auslande fand einstweilen ihren Abschluß durch das Werk von Rolf Stödter über Deutschlands Rechtslage[3]). Das war im August 1948, in einem Zeitpunkt, während der Parlamentarische Rat das Bonner Grundgesetz beriet.

Mit Stödter konnte für jenen Augenblick der Nachweis als geführt angesehen werden, daß die überwiegende Meinung der Rechtslehre international, die Rechtsprechung deutscher und ausländischer Gerichte und nicht zuletzt die Staatspraxis einen Untergang des Reiches verneinte und den Fortbestand Deutschlands als Staat bejahte. Allerdings mußte Stödter seine Feststellung bereits an den Vorbehalt knüpfen, ob das deutsche Volk fähig und willens sei, seine organisierte Herrschaftsgewalt wiederherzustellen. Die von Stödter gesammelten Beweise wirkten so stark nach, daß noch

---

[1]) Karl G e i l e r , Die gegenwärtige völkerrechtliche Lage Deutschlands (Bremen 1947); Z i n n in SJZ 1947, S. 4 und NJW 1947/48, S. 8; A r n d t in Die Wandlung, 1947, S. 106, SJZ 1948 S. 1 und The Annals of the American Academy of Political and Social Science (Philadelphia 1948), Bd. 260 S. 1 ff. (Diese Anmerkungen können und wollen, weil sie andernfalls umfangreicher werden müßten als der Vortrag, keine erschöpfende Dokumentation bieten, sondern sollen nur einige besondere Hinweise geben.)

[2]) Ich nenne S c h u m a c h e r deshalb, weil die von ihm begründete Opposition sich stets konsequent zur Präsenztheorie bekannte, während die Haltung der Bundesregierung bedauerlicherweise wechselte und unter Widersprüchen leidet.

[3]) Hamburg 1948.

2

im Mai 1955 Wilhelm Wengler[4]) seine ins Einzelne gehende Untersuchung des Rechtsbegriffes Deutschland mit den Worten beginnen
konnte, zu oft sei gesagt, der früher als Deutsches Reich bezeichnete Staat sei nicht untergegangen, als daß noch einmal dafür Be-
lege gebracht werden müßten.

Gleichwohl bezeichnete Wenglers Arbeit fast schon das Ende
eines zweiten Abschnittes in der Problemgeschichte. Denn seit
1949 zwei verschiedene Verfassungen mit getrennten Geltungs-
bereichen in Deutschland geschaffen wurden, trat für die Zeit von
1949 bis 1955 die auf der Tübinger Staatsrechtslehrer-Tagung[5])
erörterte Frage in den Vordergrund, wie sich rechtlich die beiden
Teile Deutschlands zueinander verhielten. Schon ehe im Mai und
September 1955 die früheren Besatzungsmächte je den von ihnen
kontrollierten Teil Deutschlands für souverän erklärten, sprach
Grotewohl am 19. November 1954 in einer Regierungserklärung
von der Existenz zweier deutscher Staaten, eine Position, die von
ihm am 26. September 1955 nochmals bekräftigt wurde und seither als — wie man im Osten sagt — Ergebnis der realen Lage die
Staatspraxis des Ostblocks prägt.

Von diesem Stichtag an beginnt nicht nur ein neuer, ein dritter
Abschnitt in der Geschichte des Problems, der radikale Streit um
die behauptete Zweistaatlichkeit Deutschlands, sondern es scheint
auch rückgewandt bis 1945 wieder in Frage gestellt, ob der deutsche Staat überhaupt den Krieg überdauerte. Dieses Wiederauf-
rollen der deutschen Frage sowohl vom Grundsätzlichen her als
auch zeitlich in verschiedenen Richtungen droht, jedes Bemühen
zu einer Sisyphus-Arbeit zu entwerten, und konnte nur dadurch
möglich werden, daß politische Formeln rechtlich ins Mehrdeutige
gewandt wurden, und die Staatenpraxis, im Westen namentlich
Frankreichs, in ein Zwielicht geriet.

Angesichts dieser Unsicherheit erhebt sich der Zweifel, ob es
einen Sinn hat, vom Recht her und mit den Maßstäben der Wis-
senschaft nach dem deutschen Staat zu fragen, oder ob wir es mit

---

[4]) in Festschrift für N a w i a s k y (Vom Bonner Grundgesetz zur gesamtdeutschen Verfassung), München 1956, S. 49 ff.
[5]) „Der Deutsche Staat im Jahre 1945 und seither" (Veröffentlichungen der
Vereinigung der Deutschen Staatsrechtslehrer, Heft 13), Berlin 1955.

einem allein politischen Vorgang zu tun haben, für den es keine rechtlichen Erkenntnisse, sondern nur politische Entscheidungen gibt. Eine politische Entscheidung, mag sie gefallen sein oder noch bevorstehen, wird sich jedoch nicht darauf beschränken, eine Machtlage zu bestätigen oder zu verändern, sondern darauf abzielen, Recht zu bekräftigen oder zu schaffen. Für das politische Handeln wird es deshalb hilfreich sein, die rechtlichen Voraussetzungen und mehr noch die rechtlichen Wirkungen zu kennen. Die Politik liefe sonst Gefahr, einem Wunschdenken zum Opfer zu fallen.

Die Politik sieht sich ferner vor der bedenklichen Aufgabe, daß ihre Auseinandersetzungen mit schein-juristischen Mitteln ausgetragen werden. Das Zwei-Staaten-Postulat ist im Osten nicht erfunden, um einen Beitrag zur Rechtswissenschaft zu leisten, sondern als ideologische Waffe zu einem politischen Erfolg. Überprüft man die beiderseitigen politischen Stellungen, so wird nicht nur deutlich, wie das politische Ziel den wirklichen oder angeblichen Rechtsstandpunkt bestimmt, sondern auch, daß man gegenseitig scheinbar rechtliche Stellungen aufbaut, um Entwicklungen zu erschweren, die man scheut. Dazu gehört das traurige Kapitel, daß man in unserer Mitte neuerdings als verfassungsrechtlich ausgegebene Hindernisse entdeckt, die eine Wiedervereinigung erschweren sollen[6]). Hier ist es eine nüchtern und redlich dem rechtswissenschaftlichen Denken zukommende Aufgabe, solch ideologischen Mißbrauch als das zu entlarven, was er ist, die Verbrämung eines falschen Bewußtseins.

Nicht zuletzt wird aus rechtlicher Sicht der Dienst geboten sein, das Staatsbewußtsein in Deutschland zu klären und zu stärken. Ist es somit sinnvoll, auch unter rechtlichem Blickwinkel die deutsche Frage zu prüfen, so müssen doch von vornherein die Grenzen des Möglichen erkannt werden. Bereits 1954 auf der tübinger Staats-

---

[6]) vgl. Theodor E s c h e n b u r g , Die deutsche Frage (München 1959). Die durch ihre Redlichkeit ausgezeichnete Bemühung des Historikers Eschenburg wird leider dadurch entwertet, daß ihr die rechtlichen Grundlagen fehlen. Gegen Eschenburg s. Eberhard M e n z e l in Blätter für deutsche und internationale Politik Heft 9/1959, S. 706 ff. Mir liegt an dem Anerkenntnis, daß ich keinesfalls Eschenburg unterstelle, ihm komme es auf Ideologie oder eine Erschwerung der Wiedervereinigung an.

rechtslehrer-Tagung ist davon gesprochen worden, daß es hier, weil die geschichtliche Entwicklung noch im Fluß sei, je eine gleichberechtigte und gleich richtige Mehrheit von Antworten geben könne. Das kann nicht befriedigen.

Rechtsfeststellung, Rechtsbehauptung, Rechtsanspruch

Die Eigenart völkerrechtlicher Problematik wird jedoch die Einsicht gebieten, daß — anders als sonst im Recht — zwischen Rechtsfeststellung, Rechtsbehauptung und Rechtsanspruch zu unterscheiden ist.

Von einer Rechts f e s t s t e l l u n g wird in diesem Fragenbereich nur die Rede sein können, soweit ein gerichtliches Erkenntnis erwirkbar oder eine unangefochtene und eindeutige Staatenpraxis nachweisbar ist. Daran fehlt es in der deutschen Frage.

Einen Rechts a n s p r u c h wird man eine Stellungnahme zu nennen haben, die zwar Recht aufgrund eines Rechtssatzes oder mindestens eines Rechtspostulats geltend macht, aber als unerfüllte Berechtigung, die zu verwirklichen der Berechtigte nicht oder mindestes nicht mitentscheidend befähigt ist.

Eine Rechts b e h a u p t u n g ist mehr. Sie ist nicht ein nur erst irreales Postulat, sondern gründet sich in einer mehr oder minder realen Position, die zwar angefochten ist, aber die zu wahren und zu vollenden mit in der Hand auch dessen liegt, der hiermit sich in seinem Recht tatsächlich behauptet.

Das Bonner Grundgesetz

Von einer solchen Rechtsbehauptung geht das Bonner Grundgesetz aus. An dieser Stelle will ich nicht erörtern, wieviel Wirklichkeitsgehalt die im Grundgesetz zum Ausdruck gebrachte Rechtsbehauptung im Jahre 1949 besaß oder gegenwärtig besitzt, sondern es geht zunächst darum, daß sich im Bonner Grundgesetz das Aussprechen einer solchen Rechtsbehauptung nachweisen läßt. In den mehr als 10 Jahren seit Inkrafttreten des Grundgesetzes ist viel darüber geschrieben, gerätselt und gestritten worden, welches rechtliche Verfahren das Grundgesetz für die Wiedervereinigung anbiete. Wer aber falsch fragt, kann keine richtige Anwort finden. Das Grundgesetz kennt kein rechtliches Verfahren zur Wiedervereinigung[7]) und kann keines kennen; denn ihm sind Begriff und Erfordernis einer Wiedervereinigung fremd. Anlaß, eine Wiedervereinigung als Rechtsvorgang zu regeln, hätte für das Grundgesetz nur bestehen können, falls es einen Untergang des deutschen Staates oder seinen Zerfall in mehrere Staaten angenommen hätte. Gerade das ist nicht geschehen.

Das Grundgesetz beruht auf der Rechtsbehauptung und verkörpert sie: das ganze Deutschland als der eine Staat aller deutschen Staatsangehörigen sei rechtlich und tatsächlich da und nur von außen her in seiner Handlungsfähigkeit durch die Besatzung gestört. Aus dieser Sicht kann nicht eine Staatsneugründung oder ein Wiederherstellen der Staatseinheit eine staatsrechtliche oder gar völkerrechtliche Aufgabe sein, sondern die Aufgabe wird als eine allein politische und eine ausschließlich im Außenverhältnis zwischen dem deutschen Staat und den Besatzungsmächten gegebene aufgefaßt, als die Aufgabe, die Beeinträchtigung der eigenen Handlungsfähigkeit durch ein Beenden der Besatzungsgewalt zu beseitigen. In diesem Sinne beurkundet die Präambel den Willen, die staatliche Einheit „zu w a h r e n" und „zu vollenden". Wahren und vollenden läßt sich nur etwas, was man innehat und behauptet, wenn auch gefährdet und einstweilen versehrt.

Daß im 23. Artikel ein erster Geltungsbereich für die vorläufige Neuordnung festgestellt wird, kann nicht heißen, daß die wegen des von außen Entgegenstehens der Besatzungsgewalt noch nicht von dieser Ordnung ergriffenen Volksteile sich erst noch mit dem Staate wiedervereinigen müßten, sondern im Gegenteil, daß sie

---

[7]) A r n d t in Wehrbeitrag Bd. III (1958) S. 456. Weil das Grundgesetz zur Wiedervereinigung in Freiheit offen ist (Art. 146), ist seine Vorläufigkeit nicht nur eine räumliche, sondern auch eine sachlich bedingte. Infolgedessen können weder das Grundgesetz noch das für seinen räumlichen und sachlichen Geltungsbereich verfassungsgerichtlich ausgesprochene Verbot der Kommunistischen Partei einer Mitwirkung dieser Partei an freien Willensakten des ganzen Volkes im Sinne des Art. 146 und ihrer Vorbereitung entgegenstehen (so zutreffend M e n z e l , a. a. O., S. 7 1 5 ff. und Z w e i g e r t , NJW 1959 Seite 677; BVerfGE Bd. 5 S. 130 ff).

6

ohne Änderung des Staates, seines Gebietes, seines Volkes und seiner Übergangsordnung das Gelten dieser Ordnung einseitig auch für sich wirksam erklären könnten. Diese jenen Deutschen, denen durch äußere Besatzungseingriffe mitzuwirken versagt war und für die gleichwohl treuhänderisch mitgehandelt ist, freigestellte Erklärung bestätigt sie also als Angehörige des einen und gleichen Staates, wie es auch die ihnen zuerkannten Grundrechte und insbesondere der 146. Artikel bekräftigen. Auch wenn durch solche Erklärungen der Geltungsbereich des Grundgesetzes und das Staatsgebiet des Staates Deutschland zur Deckung gebracht wären, hätte die neue Ordnung ihre Vorläufigkeit nicht eingebüßt, sondern wäre es dabei verblieben, daß sie infolge ihrer eigenbestimmten Selbstbeschränkung ihre Gültigkeit verliert, sobald im Sinne des Artikels 146 jede Besatzungseinwirkung in Deutschland aufgehört hat. Die vom deutschen Volk in freier Entscheidung zu beschließende endgültige Verfassung, der von Artikel 146 Raum gelassen wird, ist somit ebenfalls nicht als Regelung einer noch erforderlichen Wiedervereinigung gedacht, sondern im Gegenteil als Ausdruck der Rechtsbehauptung, daß der eine unser ganzes Volk umfassende Staat Deutschland die Besetzung überdauert und das Volk seine verfassunggebende Gewalt ausüben wird, sobald die politische Aufgabe, besatzungsfrei zu werden, erfüllt ist.

Mit dieser Darstellung habe ich mich nur bemüht, das vergessene Grundgesetz in der Einfachheit seines Denkens wieder ins Gedächtnis zu rufen und die es tragende Rechtsbehauptung klarzustellen. Es wäre nun reizvoll, nachzuweisen, daß für das Jahr 1949 diese Rechtsbehauptung keineswegs eines hinreichenden Gehalts an Wirklichkeit entbehrte. Bedeutsam wäre auch die Dokumentation, daß dem Grundgesetz nicht, wie jetzt gesagt wird, Jahre der Staatenlosigkeit vorangegangen seien[8]), sondern die deutsche Staatsgewalt in wesentlichen, dem Grundgesetz vorausliegenden

---

[8]) so aber Bundeskanzler A d e n a u e r im Bulletin des Presse- und Informationsamtes der Bundesregierung Nr. 164 S. 1637 vom 8. 9. 1959: „Als vor zehn Jahren, im September 1949, die Bundesrepublik Deutschland in die Erscheinung trat, haben die ... Deutschen kaum erwartet, die Form dieses neuen Staatswesens so schnell mit gesund funktionierendem Leben ausfüllen zu können ... eine solche Entwicklung aus der Staatenlosigkeit ...". Ebenso Bundeskanzler A d e n a u e r in einem Interview, abgedruckt im Bulletin Nr. 155/ S. 1557 vom 26. 8. 1959: „Wir haben im September 1949 bekanntlich im Zu-

Vorentscheidungen[9]) ihre international beachtete Effektivität erwies, namentlich soweit sie treuhänderisch von den Ländern und in den Gemeinschaftsorganen der Länder ausgeübt wurde. Aber diese rechtsgeschichtliche Dokumentation würde den Rahmen eines Vortrages sprengen, zumal es hier ja nicht um das Jahr 1949, sondern um das Jahr 1959 geht.

Nur eines muß im weiteren Verlauf meiner Ausführungen eine Rolle spielen: daß das Bonner Grundgesetz nicht als die Neugründung eines Staates Bundesrepublik, sondern als eine vorläufige und teilweise Neuordnung[10]) innerhalb eines als fortdauernd behaup-

---

stand der Staatenlosigkeit... begonnen. Wir mußten... einen souveränen deutschen Staat erst wieder errichten...".
Diese Geschichtsklitterung opfert den jedenfalls 1949 auch international überwiegend anerkannten Rechtsstandpunkt einem innerpolitischen Prestigebedürfnis.

[9]) vgl. R i d d e r in JZ 1958, S. 322 und S t r i c k r o d t in JZ 1959, S. 193.

[10]) Zutreffend Bundestagspräsident G e r s t e n m a i e r am 15. 9. 1959 in der gemeinsamen Sitzung des Bundestages und Bundesrates: „eine neue Ordnung des Übergangs für das staatliche Zusammenleben der Deutschen". Dagegen Bulletin Nr. 173/S. 1733 vom 19. 9. 1959: „... am 12. September (1949)... war die Gründung der Bundesrepublik Deutschland abgeschlossen... Mit der Regierungserklärung... begann vor 10 Jahren praktisch der neue Staat... seinen Lebenslauf."
Ferner Bundeskanzler A d e n a u e r in einer Rundfunkrede am 20. 9. 1959, abgedruckt im Bulletin Nr. 174/S. 1757 vom 22. 9. 1959: „Am 20. September 1949 legte die erste Bundesregierung... den... Eid ab. Damit begann das staatliche Leben der Bundesrepublik Deutschland... In den zehn Jahren, die heute die Bundesrepublik Deutschland vollendet...".
Entsprechend wird von Bundeskanzler A d e n a u e r in einer Gedenkrede am 17. Juni 1959, abgedruckt im Bulletin Nr. 107/S. 1065 vom 19. 6. 1959, die Zone als „ein atheistischer Staat" bezeichnet. Also doch in Deutschland jetzt zwei Staaten, ein parlamentarischer westlich und ein atheistischer Staat östlich der Elbe!?
Unter der Überschrift „Damals waren wir einig" schrieb Heinrich K r o n e in der Süddeutschen Zeitung Nr. 123 vom 23./24. Mai 1959: „Uns ist die Lust, den Tag unserer neuen Staatsgründung zu feiern, überhaupt noch nicht in den Sinn gekommen... auch nicht den 12. September, an dem in dem neu erstandenen Staat zum erstenmal ein Staatsoberhaupt gewählt wurde... Wie ungesichert erscheint doch der Platz, den diese Staatsgründung in unserer Geschichte einnimmt!... Bei allem, was an nationaler Einigung noch unvollendet vor uns liegt... müssen wir als Deutsche uns... bekennen... zu diesem Staat, dessen Gründung historisch zwingend war. Es hat einen guten Sinn, diesen Staat, seine Gründung, zu feiern... Nur die Kommunisten waren gegen die Gründung der Bundesrepublik...". Dieses vollständige Verdrängen und Verwandeln der Geschehnisse im Parlamentarischen Rat und der ihm vorausgegangenen Ereignisse und rechtlichen Überzeugungen ist eines der seltsamsten Phänomene. Richtig: B i e b e r s t e i n (s. Anm. 16), S. 128.

teten Staates Deutschland des ganzen deutschen Volkes zu deuten
ist. Ich komme damit zu den Theorien, die sich mit der Erscheinung auseinandersetzen, daß es gegenwärtig im personellen und
territorialen Raume Deutschland zwei verschiedene politische
Systeme, zwei einander entgegengesetzte Regierungen und zwei
miteinander unvereinbare Wirtschaftsstrukturen gibt. Nun könnte
man meinen — und im Schutze des marxistischen Mysteriums der
Einheit von Theorie und Praxis liegt diese Meinung in dem Aus-
spruch, eine Zweistaatlichkeit Deutschlands sei eine Realität, —
daß es doch müßig sei, Theorien zu erörtern, weil die Tatsachen
eine zu beredte Sprache sprächen. In Wahrheit ist jedoch trotz ihrer
scheinbaren Simplizität auch die Behauptung von den zwei deutschen Staaten eine Theorie. Denn die Antwort auf die Frage, ob
das Gegebensein einer Macht als ein Staat anzusehen sei, ist notwendig ein Werturteil, das nicht anders gefällt werden kann als
dadurch, daß man von einem Maßstab ausgeht, welche Tatsachen
als staats- und völkerrechtlich von Bedeutung auszuwählen sind
und welcher Sinn ihnen zukommt.

Imperfekttheorie und Präsenztheorie

Zwei Theorien stehen einander gegenüber: die Imperfekttheorie
und die Präsenztheorie.

Die Präsenztheorie rechtfertigt die Rechtsbehauptung, daß der
eine das deutsche Volk als ganzes umfassende Staat Deutschland
präsent sei. Die Imperfekttheorie verneint diese Präsenz.

Die Imperfekttheorie umschließt eine Gruppe von Theorien sehr
von einander abweichender Art, die scheinbar zu entgegengesetz-
ten Ergebnissen kommen. Die schärfste Ausprägung der Imperfekttheorie ist die Behauptung, daß an die Stelle des vergangenen
Staates Deutschland zwei selbständige Staaten getreten seien. Darüber wird später noch genau zu reden sein. Zur Gruppe der Imperfekttheorie gehören jedoch auch alle im Westen verbreiteten
Lehren, die eine Präsenz des von ihnen als Gesamtdeutschland oder
als das wiedervereinigte Deutschland bezeichneten Staates bestreiten, ihm also zur Zeit das völkerrechtlich erforderliche Maß an

Effektivität absprechen. Hierzu zählen die Teilordnungslehre von den zwei unter einem nur fiktiven Reichsdach vereinigten Teilstaaten und die Kernstaatlehre, fälschlich auch Identitätstheorie genannt.

Daß die Behauptung des Nebeneinander-Bestehens zweier Teilstaaten im Rahmen eines zwar noch rechtsfähigen, aber völkerrechtlich handlungsunfähigen Gesamtstaates zur Feststellung der Dismembration führen muß, seit 1955 die sog. Souveränitätserklärungen den beiden Regierungen eine weitgehende völkerrechtliche Handlungsfähigkeit zusprachen, dürfte heute kaum zu widerlegen sein.

Wichtiger ist es, sich mit der Kernstaatlehre zu befassen, der Theorie, daß der deutsche Staat durch einen angeblich mit ihm identischen Staat Bundesrepublik Deutschland repräsentiert werde. Die Auseinandersetzung mit dieser Kernstaat- oder Repräsentanztheorie als einer Sonderform der Imperfekttheorie gehört in das leider große und trübe Kapitel der ideologischen Unterwanderung des Grundgesetzes. Sie ist nicht möglich, ohne zugleich ins Licht zu rücken, welche politischen Interessen dahinter stehen. Jeder Versuch, eine staats- oder völkerrechtliche Erklärung zu geben, ohne darauf Bedacht zu nehmen, welche politische Kraft darin zur Geltung kommt, muß als wirklichkeitsfremd sich im Illusionären verlieren. Kein Denken kann sich als rechtswissenschaftlich ausgeben, das sich der Seinsbedingtheiten des Normativen nicht bewußt bleibt und ohne Einsicht ist in die Kräfte, die den Gang des staats- und völkerrechtlichen Lebens bestimmen.

Im Rahmen der rechtlichen Erörterung ist es gleichwohl weder angebracht noch möglich, insgesamt die politische Geschichte der deutschen Frage darzustellen oder die Verantwortung für ihren Verlauf zu erwägen. Wenn an dieser Stelle zu vermerken ist, daß die Einheit des deutschen Staates nicht stets und nicht unter allen Umständen im Interesse der Westmächte lag, so ist damit kein Werturteil gefällt, insbesondere nicht darüber, welche Seite jeweils den ersten Zug tat, der eine Spaltung Deutschlands verursachte oder vertiefte, und welche Seite sich nur zu einem Gegenzug gezwungen sah. Während der Enwicklung, die durch die Blockade Berlins, den Systemwechsel in der Tschechoslowakei und die Korea-

krise gekennzeichnet wurde, trat schon vor der Zeit des Parlamentarischen Rats und seither in zunehmendem Maße ein Bedürfnis
der westlichen Alliierten hervor, das militärische Potential in dem
damals von ihnen beherrschten Teile Deutschlands zu aktivieren[11]).
Aus mehrschichtigen Gründen erschien dies nur möglich durch das
Einbinden eines westdeutschen Staates in einen supranational or-
ganisierten Staatenverband. So erklärt es sich, daß Lucius Clay[12])
über die Verabschiedung des Bonner Grundgesetzes berichtet:

> „Der westdeutsche Staat trat ins Dasein... Nun war der
> Bau des westdeutschen Staates fertig geworden, bevor sich
> die vier Außenminister am 23. Mai in Paris trafen... es
> war das Ende der kommunistischen Expansion".

Die unstreitige Ausgangsthese des Parlamentarischen Rates, daß
Deutschland als Staat fortbestehe, ließ sich, wenn überhaupt, mit
der Antithese, daß der Rat durch das Grundgesetz einen Staat neu
gegründet habe, nur in der Weise verbinden, daß ein westdeutscher
Staat den Staat Deutschland als Ganzes repräsentiere. Diese dialek-
tische oder paradoxe Identität zwischen einem Weststaat Bundesrepublik als dem Repräsentanten und dem Reich als dem repräsen-
tierten Staatsganzen entfaltet sich, nachdem das Stichwort Kernstaat bereits in der ersten Regierungserklärung der Bundesregierung gefallen war, besonders deutlich im Rechtsgutachten Süster-
henns vom 23. 6. 1952, das die Bundesregierung im ersten Ver-
fassungsstreit um die Europäische Verteidigungsgemeinschaft vor-
legte[13]). Nicht nur nahm man an, daß die supranationale Art der
geplanten Integration Westeuropas den Einschluß eines Staates von
deutscher Seite erfordere, sondern innenpolitisch vermutete man
irrigerweise, die Opposition werde die Staatlichkeit Deutschlands
bestreiten. So kam es jahrelang zu der fatalen Alternative, zwischen einer europäischen Integration oder der Wahrung der deutschen Einheit zu wählen[14]).

---

[11]) s. die Dokumentation in „Der Kampf um den Wehrbeitrag", Bd. II
(München 1953), S. 454 ff., ferner dort S. 265 und S. 423 ff. den Streit um
eine „Schutzkompetenz" des Bundes.
[12]) „Entscheidung in Deutschland" (Frankfurt/Main 1951), S. 480.
[13]) Wehrbeitrag, Bd. I (1952) S. 260.
[14]) vgl. Wehrbeitrag, Bd. III S. 489 und S. 538. In der amtlichen Begrün-
dung der Französischen Regierung zu Art. 7 des Generalvertrages heißt es:

Wenn Eschenburg, der diese Repräsentanztheorie noch 1959
erstaunlich unkritisch wie eine unumstößliche Wahrheit über-
nimmt, die so bedenkliche, aber auf nicht genug Widerspruch ge-
stoßene Meinung äußert, die westdeutsche Bevölkerung hätte,
wenn auch schweren Herzens, der Einheit in Fäulnis und Elend die
Teilung zum Zweck der Gesundung vorgezogen, so wird er der
Mehrheit dieser Bevölkerung Unrecht tun, weil sie im Mantel der
Ideologie, jene europäische Integration sei der Weg zur Einheit in
Freiheit, nur das Vordergründige zu sehen bekam, während das
Hintergründige selbst jetzt noch zumeist verborgen ist.

Mit dem Scheitern der supranationalen Organisation Westeuropas ist diese Episode abgeschlossen. Als Hypothek geblieben
ist die heillose Sprachverwirrung, daß der vom Parlamentarischen
Rat im Grundgesetz für das ganze Deutschland als den einen deutschen Staat geprägte Name Bundesrepublik Deutschland[15]) teils auf
Deutschland, teils auf Westdeutschland bezogen wird[16]). Walther
Marschall von Bieberstein hat sich ein Verdienst erworben, klarzustellen, daß die eine Kernstaatgründung behauptende Repräsentanz-
Theorie eine Verfälschung der Identitätslehre und in Wahrheit
nichts als eine westliche Sonderform der Imperfekt-Theorie ist,
die unweigerlich zu einer der östlichen Imperfekt-Theorie entsprechenden und sie bestätigenden Zweistaatlichkeit Deutschlands
führen muß[17]).

Wer die Gründung eines Weststaates bejaht, kann die Gründung eines Oststaates nicht leugnen.

Wer sich über die 10-Jahres-Feier einer angeblichen DDR em-
pört, kann nicht selber von 10 Jahren Bundesrepublik daherreden.

Aber wer den Schaden hat, den die Kernstaat-Ideologie und die
dem Grundgesetz unterschobene Legende einer westlichen Staats-

---

„Die Regierung der Bundesrepublik verpflichtet sich also, keiner Formel der
Vereinigung Deutschlands zuzustimmen, welche die europäische Integration
wieder in Frage stellen könnte." Dazu A r n d t in Wehrbeitrag, Bd. III, S. 528.
[15]) so wiederholt der Abg. Carl Schmid im Parlamentarischen Rat; s. dazu
A r n d t in Wehrbeitrag, Bd. III, S. 379 ff., 385 f.
[16]) Walther Frh. Marschall v o n B i e b e r s t e i n , Zum Problem der völkerrechtlichen Anerkennung der beiden deutschen Regierungen, Berlin 1959,
Seite 125.
[17]) B i e b e r s t e i n (s. Anm. 16) S. 132 f. und S. 140 ff.

gründung anrichtete, braucht für den Spott nicht zu sorgen. Diesen Spott hat uns jüngst von französischer Seite Roger Pinto[18]) nicht geschenkt, als er die berechtigte Frage aufwarf, wie man denn das Ganze repräsentieren könne, ohne es zu sein. Mit einem Maximum an formaler Logik, doch mit einen Minimum an Rücksicht auf das deutsche Selbstverständnis beweist Pinto für die Frage nach dem Staat Deutschland das Pessimum: zwischen Elbe und Oder sei in Gestalt einer DDR ein neuer Staat entstanden. Dieses Ergebnis wird erzielt durch eine willkürliche Verkürzung des Problems auf die falsche und von vornherein zu verneinende Fragestellung, ob die sog. DDR deshalb und nur deshalb kein Staat sein könne, weil die Bundesrepublik, verstanden als die Staatsorganisation im Westen, befähigt sei, im Namen des ganzen Deutschland zu sprechen, und weil ihr die Prätention innewohne, das ganze Deutschland zu repräsentieren. Hinter dieser Untersuchung, die an entsprechende Arbeiten anderer französischer Autoren wie insbesondere Virally anschließt, steht die Tendenz, daß die Wiedervereinigung Deutschlands einen neuen Staat konstituieren müsse. Dadurch wird das von jeder französischen Regierung seit 1945 geforderte Mitentscheidungsrecht, ob und wie — um mit den Worten de Gaulles zu reden — eine Veränderung des status quo durch den Anschluß von Preußen und Sachsen an die Bundesrepublik zugelassen werden darf, auch mit juristischen Deduktionen theoretisch abgesichert[19]).

Diese politische Interessenlage aufzudecken, ist deshalb wichtig, weil zwar einerseits sehr richtig gesagt wird, daß die Staatenpraxis das vielleicht wesentlichste Kriterium im Völkerrecht bei Prüfung der Rechtslage Deutschlands ist, andererseits es aber seit 1945 keine Formel hierzu gibt, die nicht politische Formel ist und als solche mehrdeutig oder ambivalent. Denn alle an der deutschen Frage beteiligten Mächte ließen sich stets mehrere Wege offen und hüten ihr Eigeninteresse daran, daß durch ein Überwinden der deutschen Spaltung keine Macht in Mitteleuropa entstehen darf, die ihnen nicht genehm ist.

---

[18]) Journal du Droit International 1959, S. 313 ff.
[19]) vgl. Niedersächsische Denkschrift in Wehrbeitrag, Bd. II, S. 411/13 und A r n d t , Wehrbeitrag, Bd. III, S. 380 f. und S. 487 ff.

Das gilt sogar für die keineswegs einheitlichen und eindeutigen Formeln der Bundesregierung, auch wenn sie nach der Kernstaat-Abirrung seit dem 28. Juni 1956 und am 31. Januar 1957 sowie am 5. November 1959 zu der Versicherung zurückgekehrt ist,

„daß das Deutsche Reich in seinen Grenzen von 1937 fort-besteht"[20]).

Es ist daher weder tunlich noch überzeugend, aus politischen Formeln rechtliche Schlüsse zu ziehen, auch nicht aus der im Westen seit 1954 gebräuchlichen Formel, daß die Regierung der Bundesrepublik Deutschland als die einzige deutsche Regierung zu betrachten ist, die frei und rechtmäßig gebildet und daher berechtigt ist, für Deutschland als Vertreterin des deutschen Volkes in internationalen Angelegenheiten zu sprechen. Denn die in dieser Formel der Bundesregierung zugesprochene Legitimität enthüllt geradezu, daß sie zwar die allein legitime, aber nicht allein die Regierung sei, und läßt offen, ob Deutschland darin als staats- und völkerrechtlicher oder nur als ein politischer Begriff genannt ist, wie ja entsprechend offen im östlichen Gegenakt, dem Moskauer Vertrag vom 20. Sept. 1955, vom deutschen Volk und von der friedens-vertraglichen Regelung mit Deutschland die Rede ist. Allerdings können politische Formeln in einer — später noch zu erörternden — Hinsicht von erheblicher Rechtsbedeutung werden: in Verbindung mit der völkerrechtlichen Grundregel der Nichteinmischung. Insoweit enthält die westliche Staatenpraxis, daß die Bundesregierung für das deutsche Volk als ganzes zu sprechen befugt sei, das Anerkenntnis, daß sie sich dadurch keiner Einmischung in die inne-

---

[20]) Die territoriale Akzentuierung dieser Formel verquickt in unglücklicher Weise den Rechtsanspruch auf die Gebiete jenseits der Oder und Neiße mit der Rechtsbehauptung einer völkerrechtlichen Effektivität des einen Staates Deutschland. Wie auch von dieser Formel leider noch vielfach abgewichen wird, zeigt z. B. die aus Anlaß des Flaggenstreites von Bundesminister S c h r ö d e r abgegebene Erklärung, abgedruckt im Bulletin Nr. 221/S. 2255 vom 28. 11. 1959. Darin ist die Rede von „der Entschlossenheit unseres Anspruchs, der einzige legitime deutsche Staat zu sein". Hier wird nicht nur die Regierung mit dem Staat verwechselt, sondern die Behauptung, die Bundesrepublik (im engeren Sinne der auf den Geltungsbereich des Bonner Grundgesetzes beschränkten Organisation) sei der einzige legitime deutsche Staat, provoziert geradezu die Gegenbehauptungen, daß es keinen Staat Deutschland als Ganzes mehr gebe und daß die „DDR" auch ein Staat sei, wenn auch kein legitimer.

14

ren Angelegenheiten eines anderen Staates schuldig macht, also es keinen zweiten Staat in Deutschland gibt, dessen Rechte dadurch beinträchtigt werden könnten.

Die Präsenztheorie im Parlamentarischen Rat

An dieser Stelle bedarf es der seltsamen Betonung, daß bei der Gegenüberstellung der Präsenztheorie und der Imperfekttheorie die Präsenztheorie keine neue Erfindung ist. Im Zuge der politischen Kämpfe um eine supranationale Integration Westeuropas, insbesondere durch eine EVG, hat die ideologische Unterwanderung des Bonner Grundgesetzes so überhand genommen, daß zwar noch im Gedächtnis haften blieb, nach der zur Zeit des Parlamentarischen Rates herrschenden Ansicht sei der Staat Deutschland nicht im Jahre 1945 untergegangen, aber es wurde vergessen, daß dieses Nein zum Untergang nur die eine Seite war und das Ja zur Gegenwärtigkeit des ganzen Deutschland als Staat die andere Seite.

Die Präsenztheorie war bereits die herrschende Auffassung im Parlamentarischen Rat[21]). Theodor Heuß faßte sie in der Sitzung vom 9. September 1948 in die klassischen Worte:

„Das Deutsche Reich, auch wenn es desorganisiert ist, ist rechtlich und politisch eine Geschichtstatsache geblieben."

Dieser Äußerung lassen sich übereinstimmende Zeugnisse der Sprecher anderer Parteien zur Seite stellen. Nicht einmal die Bezeichnung Bundesrepublik war nur dem Westteil zugedacht. „Wir benennen nicht etwa das Teilgebiet, etwa Westdeutschland", stellte Carlo Schmid fest, „der Name ... gilt für das Ganze."

Es ist eine der unglaublichsten Geschichtsklitterungen mitten in unserer Zeit, daß der Parlamentarische Rat einen Staat habe gründen oder errichten wollen, oder daß sein Werk, das Grundgesetz, so zu verstehen sei.

Während jahrelang der akademische Streit in seinem Elfenbeinturm um die irrige Frage ging, wie sich die vermeintlichen Teilstaaten in Deutschland zueinander verhielten, setzte sich die Prä-

---

[21]) vgl. A r n d t in Wehrbeitrag, Bd. III, S. 384 ff.

senztheorie zwar leider nicht in den Erklärungen der Bundesregierung, wohl aber in der Praxis des Bundestags-Rechtsausschusses durch, der nach einem Bericht des Abg. Dr. Kopf am 9. Oktober 1952 über die „Natur der Bundesrepublik" „immer eindeutig dieselbe Linie vertreten (hat), daß Deutschland identisch ist mit sich selbst, wie es schon vor dem letzten Krieg gewesen ist, und daß Deutschland eben das gesamte Deutschland ist, ... daß wir den Begriff der Bundesrepublik auf dieses große Deutschland anwenden wollten. ... Wir haben damit die andere Auffassung einer Dachorganisation von Gesamtdeutschland abgelehnt, in dessen Rahmen sich zwei vielleicht noch nicht voll entwickelte Staaten ... bilden"[22]). Im Lauf der Zeit hat jedoch eine nicht unbeabsichtigte Sprachverwirrung uns dahin gebracht, daß wir gegenseitig nicht mehr wissen, wovon wir reden, wenn wir vom deutschen Staat oder dem Bund oder dem Bundesgebiet sprechen. Da Worte eine Kraft sind[23]), hat dies empfindlich zur Schwächung des deutschen Staatsbewußtseins beigetragen.

Ich komme darauf zurück, daß es sich nicht mehr oder nicht nur darum handelt, ob 1945 der Staat Deutschland seine militärische Entmachtung und die Besetzung überstand, und daß es auch nicht allein die Frage ist, wie seit 1949 das Entstehen von zwei verschiedenen politischen Systemen auf deutschem Raum in ihrem Verhältnis zueinander staatsrechtlich zu begreifen ist, sondern daß wir uns nach 1955 in einer dritten, neuen Phase des Problems befinden, in der es völkerrechtlich um die radikale Alternative geht, ob die Deutschen noch einen Staat oder ob sie zwei Staaten bilden. Heute haben wir keine andere Wahl mehr als die zwischen der reinen Präsenztheorie und der Imperfekttheorie in ihrer krassen Form der nicht bloß von außen tatsächlich gestörten Einheit des Staates Deutschland, sondern seines auch rechtlichen Abgelöstseins durch zwei deutsche Staaten.

Um es zu verdeutlichen, stelle ich nochmals gegenüber: Die Präsenztheorie, die auf ihre Haltbarkeit als eine Rechtsbehauptung

[22]) vgl. Wehrbeitrag, Bd. III, S. 605.
[23]) s. die Warnung von Carlo S c h m i d im Verfassungs-Konvent Herrenchiemsee, 3. Sitzung vom 11. 8. 1948, Protokoll S. 6 („Namen sind Realitäten erster Ordnung").

16

zu prüfen ist, besagt, daß — wenn auch gestört — die Einheit des Staates Deutschland als einem Ganzen, die das deutsche Volk insgesamt umfaßt, staats- und völkerrechtlich noch erhalten ist und in beiden Teilen Deutschlands noch hinreichende Effektivität besitzt[24]. Die Imperfekttheorie kennt die Wiedervereinigung nur mehr als eine politische Forderung, aber besagt, daß aktuell und effektiv zwei deutsche Staaten völkerrechtlich konfrontiert seien.

Vorgeschichte der Imperfekttheorie

Hierbei fällt auf, daß die Verfechter der Imperfekttheorie zur Verteidigung einer völkerrechtlichen Selbständigkeit eines von ihnen als DDR bezeichneten Staates eine Rückdeutung oder Umdeutung vornehmen. Daß es einen solchen Staat seit 10 Jahren geben soll, steht im Widerspruch dazu, daß erst seit 1954/55 von zwei Staaten die Rede ist. Nicht nur kommt in der Verfassung von Thüringen 1945 und im Jahre 1947 in den Verfassungen von Sachsen-Anhalt, Mecklenburg, Mark Brandenburg und Sachsen zum Ausdruck, daß sie Gliedstaaten des einen fortbestehenden Staates Deutschland sein wollen, sondern auch die Verfassung der sog. DDR ist noch 1949 ihrem Wortlaut nach so abgefaßt, daß sie für das ganze Deutschland als den einen Staat gelten soll und vom deutschen Volk in seiner Gesamtheit spricht. Die Warschauer Deklaration vom 6. Juni 1950 über die angebliche Endgültigkeit der Oder-Neiße-Linie sollte nicht etwa bloß für einen Oststaat abgegeben werden, sondern beanspruchte Wirksamkeit für ein einheitliches deutsches Staatsvolk. In die angebliche 10-Jahres-Frist fällt die Kontrollratsgesetzgebung, die nicht als eine Gesetzgebung für zwei Staaten und zwei Völker gedeutet werden kann, zu schweigen von anderen Ereignissen wie den beiden vierzonalen Justizkonferenzen in Wiesbaden und Konstanz 1946/47, auf denen

---

[24] im einzelnen zur Präsenztheorie: Erklärung des Hessischen Ministerpräsidenten Z i n n vom 10. 1. 1951 in Wehrbeitrag, Bd. II, S. 431; Niedersächsische Denkschrift vom 21. 8. 1952 in Wehrbeitrag, Bd. II, S. 406; Stellungnahme der Sozialdemokratischen Bundestagsfraktion vom 18. 10. 1952 in Wehrbeitrag, Bd. II, S. 244 ff. sowie A r n d t in Wehrbeitrag Bd. III, S. 372 ff., 384 ff., 451 ff. 528/9, 612.

die Rechtsgestaltung des einen und gemeinsamen Staates verhandelt wurde. Sogar noch 1956 nahm die Zonenregierung ein Recht zur Mitsprache bei der Regelung der Saarfrage in Anspruch.

Diese Hinweise, die sich noch vermehren ließen, mache ich deshalb, weil sie folgendes erkennen lassen: die Widersprüchlichkeit und Unsicherheit darin, seit wann es zwei deutsche Staaten geben soll, und das Bemühen um eine gesamtdeutsche Legitimität, das im Grunde die Existenzberechtigung der geforderten Eigenstaatlichkeit verneint und selber sie nur als eine Durchgangsstufe, ein Transitorium, gelten lassen will. So hat denn Kröger nicht nur 1953 die Wiedervereinigung als die Hauptaufgabe der Staatsmacht bezeichnet[25]), sondern spricht auch in seinem soeben vorgelegten Gutachten zur Frage einer Aufhebung des Verbots der KPD vom deutschen Volk einheitlich und nicht so, als ob es zwei Staatsvölker gebe.

Erst von hier gewinnt die Bezeichnung Imperfekttheorie ihren vollen Sinn und ihren politischen Hintergrund, weil sie nicht — wie von französischer Seite Virally, Rousseau und Pinto — darauf zielt, daß in die Friedensgemeinschaft des Völkerrechts zwei Staaten mit zwei Völkern eingegangen seien, sondern von einem Zustand des Unfertigen und Unbefriedigten ausgeht und einen außerordentlichen Staat postuliert, der nicht um seiner selbst willen und so nicht von Dauer sein will. Gäbe es die zwei Staaten im Sinne der Imperfekttheorie, so würde sich auch der östliche dadurch auszeichnen, daß er die Angelegenheiten des westlichen noch als seine eigenen und daß er das deutsche Volk in West und Ost als das einheitliche und gemeinsame behandelt. Erst diese geschichtliche Fragestellung und die Beschreibung der beiden Theorien läßt einsehen, worauf sich die Untersuchung bezieht, welcher Standpunkt nach allgemeinen Kriterien für das, was völkerrechtlich einen Staat ausmacht, gerechtfertigt und wirklichkeitsgerecht sein kann.

---

²⁵) in „Staat und Recht" 1953, S. 686 ff., 694 f.

Kriterien der Staatlichkeit

Auf der Suche nach diesen Kriterien machte man es sich zu
leicht, wollte man sich mit der Begriffsbestimmung Georg Jellineks
begnügen, daß es Gebiet, Volk und Gewalt sind, die einen Staat
kennzeichnen. Abgesehen davon, daß die Richtigkeit dieser Formel
auch staatsrechtlich, z. B. von Smend, heftig bestritten ist und
jedenfalls die gegenwärtige Völkerrechtslehre mehr Erfordernisse
für den völkerrechtlichen Staatsbegriff als erheblich ansieht, läßt
die jellineksche Formel im Ungewissen, welche Art Bevölkerung
ein Staatsvolk und welche Art Macht eine Staatsgewalt ist. Dies
erklärt sich aus dem geistesgeschichtlichen Ort Jellineks, der die
positivistische und gleichsam naturalistische Formel des National-
staats festlegt, eine Betrachtungsweise, die für die Vergangenheit
gegenüber einer Erscheinung wie dem Römischen Reich deutscher
Nation versagt und die außerstande war, die für sie nicht voraus-
sehbare Entwicklung des Völkerrechts mit einzubeziehen[26]).

Staatsvolk

Die Bemühungen, die Frage nach dem deutschen Staat rechtlich
zu klären, zeigen deshalb begreiflicherweise den Ansatz, normativ
den staatsgründenden Volksbegriff zu bestimmen. Zu nennen ist
namentlich der großartige Versuch Dürigs, aus dem Bewußtsein
des deutschen Volkes das Dasein des Staates Deutschland abzulei-
ten[27]). Es tut dem Wert dieses Gedankens kein Abbruch, wenn
eine unbefangene Erwägung auf die Einsicht stößt, daß gerade dieser
Gedanke die Unvereinbarkeit des westlichen und des östlichen
Denkens in der Frage nach der Wirklichkeit aufdeckt.

Das ständige Betonen einer „Realität" der angeblichen beiden
Staaten in Deutschland hat doch den Hintergrund, daß die sowje-

---

[26]) Der Staatsbegriff kann nicht aus sich selbst ausgelegt werden, sondern
ist als seins-bezogen „durch das jeweilige Zeitalter, durch die besondere Nation
bestimmt" (Gustav R a d b r u c h in Festschrift für Laun, Hamburg 1948,
S. 157 ff., 163).
[27]) in „Der deutsche Staat" (s. Anm. 5) S. 30 ff. Beachtlich dort S. 63
A b e n d r o t h s Bemerkung von der „Wirklichkeit der weiterbestehenden Nation".

tische Ideologie die Wirklichkeit des Geistes leugnet und allein das Materialisierte als das sinnfällig Gegebene anerkennt, ohne sich allerdings, wenn es opportun ist, davor zu scheuen, sich den so gar nicht materialistischen Begriff der Nation dienstbar zu machen. Für unser Rechtsdenken müssen wir ebenfalls beobachten, daß je einzelner und je mehr nach Raum und Zeit bestimmt ein Ereignis ist, um so erheblicher für das Recht eine innere Tatsache wird, ihre Rechtserheblichkeit aber in dem Maße schwindet, wie allgemeiner und unbestimmter ein Geschehen wird. Politisch haben wir es als ein hohes Gut zu schützen und durch unser beständiges Zutun zu wahren, daß wir um das gemeinsame Bewußtsein seines Zusammengehörens in unserem Volke wissen, und diese geistige Wirklichkeit auch immer wieder in die Waagschale des Rechts zu legen. Doch sollten wir uns nicht darüber täuschen, daß diese innere Tatsache für das noch weitgehend von einem Effektivitätsprinzip beherrschte Völkerrecht nur insoweit zählt, wie sie Ausdruck gewinnt und mächtig wird. Dem nüchternen Blick kann nicht verborgen sein, daß zur Zeit die Hemmnisse, die ihm seine Vollendung verwehren, stärker sind als der Wille des deutschen Volkes zu seiner Einheit.

Immerhin läßt sich negativ so viel sagen, daß es normativ kein in sich geschlossenes Volk, keine auf ihre selbstgenügsame Dauer gerichtete Gemeinschaft zwischen Elbe und Oder gibt und auch die Machthaber dort gezwungen sind, dies immer wieder selber anzuerkennen. In diesem Zusammenhange halte ich die viel betonte Einheit der Staatsangehörigkeit nur für am Rande erwähnenswert. Sie ist in ihrem Gehalt an Rechten und Pflichten bedenklich ausgehöhlt. Eine Sache gewinnt nicht an Überzeugungskraft, wenn man sie mit schwachen und nur formalen Argumenten vertritt.

Versteht man mit Verdroß[28]) unter einem staatsbildenden Volk die vollständige Vereinigung von Menschen, die auf die D a u e r zusammengeschlossen und der Personalhoheit ihres Staates zugeordnet sind, so wird es den Volksteilen beiderseits der Zonengrenze an Vollständigkeit und ihren Ordnungen an endgültiger Bestimmtheit für die Dauer fehlen.

---

[28]) Völkerrecht, 3. Aufl., Wien 1955, S. 181.

Staatsgewalt

Die Frage nach der Staatsgewalt ist nicht damit beantwortet, daß es eine Regierung gibt, die sich im Besitz der Macht befindet. Richtig hat Hermann Heller[29]) zwischen der objektiven Macht der Organisation und der subjektiven Macht **über** die Organisation und der subjektiven Macht **in** der Organisation mit der Folge unterschieden, daß der Machtkern, die Regierung, zwar Macht **im** Staate besitzt, nicht aber mit der Staatsmacht gleichzusetzen ist. Von der Tatsache des Bestehens zweier Regierungen, die beide mächtig sind, kann nicht ohne weiteres darauf geschlossen werden, daß sie zwei verschiedene Staaten vertreten.

Es geht um folgende Probleme:

1. Übt — konkret gesprochen — die Bundesregierung nur bundesrepublikanische Staatsgewalt und die Zonenregierung nur eine „DDR"-Staatsgewalt oder üben beide Regierungen Staatsgewalt des einen Staates Deutschland aus?

2. Ist das, was eine dieser Regierungen oder beide an Staat vertreten, völkerrechtsunmittelbar?

3. Ist es die volle Selbstregierung im Sinne der Souveränität?

Wie wenig auch es bisher der völkerrechtlichen Theorie gelungen sein mag, einen unstreitigen Staatsbegriff zu entwickeln[30]), so zeigt sich doch eine Übereinstimmung darin, daß der Anspruch, selber ein Staat zu sein, erst durch eine Art der Beziehungen zu den anderen Staaten qualifiziert wird, die gemeinhin mit dem Stichwort der Souveränität gekennzeichnet wird[31]). Daß eine Gemeinschaft auf ihrem Gebiet in sich geordnet und ihrer selbst mächtig ist, gewinnt völkerrechtlich seine Relevanz erst durch die Unabhängigkeit nach außen als Fähigkeit, eine völkerrechtliche Aufgabe für den Frieden zwischen den Völkern übernehmen zu

---

[29]) Staatslehre (Leiden 1934), S. 240 ff., 244.

[30]) Herbert K r ü g e r , „Das Prinzip der Effektivität" in Grundprobleme des Internationalen Rechts (Festschrift für Spiropoulos), Bonn 1957, S. 265 ff., 280.

[31]) vgl. V e r d r o ß a.a.O. S. 88 ff.; O p p e n h e i m - L a u t e r p a c h t , International Law, Bd. I (8. Aufl. London 1955), S. 118 f.; Paul G u g g e n - h e i m , Lehrbuch des Völkerrechts, Bd. I (Basel 1948), S. 181.

können. Es ist aber die Frage, ob diese Aufgabe des Mitwirkens in der Völkerrechtsgemeinschaft einseitig ergriffen werden kann. Dieses Problem pflegt unter dem Gesichtspunkt erörtert zu werden, ob die Anerkennung ein Erfordernis der Staatsqualität ist, und man gerät dann in den unentschiedenen Streit, ob die Anerkennung konstitutive oder bloß deklaratorisch-politische oder sowohl konstitutive als auch deklaratorische Bedeutung hat. Es ist jedoch die Richtigkeit dieser Fragestellung zu bezweifeln, wie ja denn auch Menzel ausgeführt hat, daß es sich hier im Falle Deutschland weitgehend um ein Scheinproblem handelt. Falsche Fragen sind allerdings zumeist Signale für ein richtiges, von ihnen nur verdecktes Problem.

Gäbe es jetzt zwei deutsche Staaten, so müßte zu irgend einem Zeitpunkt der Staat Deutschland ganz oder zu einem Teil untergegangen und müßten an seiner Stelle mindestens ein Staat neu oder sogar beide Staaten neu entstanden sein, d. h. die Zahl der Staaten in Europa und die der Völkerrechtsgemeinschaft müßte sich vermehrt haben.

Wir stoßen also auf das Grundproblem, ob die Staatsgründung überhaupt und ob sie speziell in Europa beliebig freisteht. Wenn hierzu, jüngst noch von Charpentier, geltend gemacht wird, das Völkerrecht kenne keine Regel für den Vorgang der Staatsgründung[32]), er sei nichts als eine Tatfrage, so wird es der Untersuchung bedürfen, ob diese Behauptung mit der Geschichte des Völkerrechts, in der sich rechtsschöpferisch die Staatenpraxis dokumentiert, und mit der Struktur und Eigenart des Völkerrechts im Einklang steht.

---

[32]) Jean Charpentier, La reconnaissance internationale et l'évolution du droit des gens (Paris 1956), S. 160. Die „existence de fait" zur genügenden Bedingung eines Staates zu machen, steht im Widerspruch zur normativen Voraussetzung, daß eine Regierung „respecté par la masse de la population" essentiell sei. Mit der Geschichte Europas und des Völkerrechts ist es nicht vereinbar, eine Staatsentstehung so typisieren zu wollen. Auch die Charter der Vereinten Nationen kennt keinen Rechtsanspruch auf Aufnahme in die organisierte Völkerrechtsgemeinschaft aufgrund eines Automatismus kraft „existence du fait", sondern die Vereinten Nationen behielten sich die freie und konstitutive Entscheidung vor, wer zu ihnen gehört.

Das Effektivitätsprinzip

Der bloße Hinweis darauf, wie bestimmend das Effektivitätsprinzip im Völkerrecht ist, wird nicht genügen[33]). Denn abgesehen
davon, daß dieses Prinzip nicht das einzige des Völkerrechts ist,
besagt und erklärt es nicht, daß jeweils die Quantität der Macht
in die Qualität des Rechts umschlage, sondern als Rechtsprinzip
ist es selber ein Regulativ und besagt, daß um des Friedens willen
die Spannung zwischen dem, was ist, und dem, was sein sollte, aus
bejahter Notwendigkeit nicht maßlos werden darf. Das Effektivitätsprinzip ist ferner insoweit Norm, wie es die völkerrechtliche
Erheblichkeit des je Besonderen ausspricht. Darum würde es dieses
Prinzip geradezu pervertieren, wollte man aus ihm ableiten, völkerrechtlich sei der Vorgang einer Staatsgründung mit der Folge
einer Veränderung und Erweiterung der Völkerfamilie etwas All-
gemeines und Beliebiges. Während für das Staatsrecht die Zahl
der Rechtssubjekte generell bestimmbar und nicht begrenzt ist,
bildet es für die internationale Gesellschaft, worauf namentlich
Brierly[34]) aufmerksam macht, einen Wesenszug, daß ihre Mitglieder
individuell festgestellt und gering an Zahl sehr begrenzt sind. Die
Lebensinteressen der Völker, deren Selbstwirksamkeit das Völkerrecht in den Dienst seiner eigenen Verwirklichung zu stellen sucht,
sind durch ihre geschichtlich seins-bedingte Eigentümlichkeit aus-
gezeichnet, so daß es der Besonderheit des Völkerrechts und seinem
Effektivitätsprinzip zuwiderlaufen würde, die Frage einer Staatsgründung losgelöst aus allen ihren Zusammenhängen so zu behandeln, als gebe es dafür einen allgemeinen Typus.

Die Völkerrechtsgemeinschaft ist grundsätzlich geschlossen und
durch konkrete Personen definiert. Aus diesem Grunde legt Lau-
terpacht, aber keineswegs er allein, solches Gewicht darauf, daß
gewisse Staaten nach der Tradition als ursprüngliche Mitglieder
zu dieser Gemeinschaft gehören, andere später zu nachweisbaren

---

[33]) Ein schrankenloses Prinzip der Effektivität würde das Völkerrecht auf-
heben (V e r d r o ß a.a.O., S. 82/83). Überdies ist die Frage nach der
Effektivität, weil sie ein Urteil über die wahre und dauerhafte Machtlage er-
fordert, oft sehr schwierig und nur unter Vorbehalt zu beantworten. Der
Anschein augenblicklicher Macht bedeutet noch keineswegs Effektivität.
[34]) Die Zukunft des Völkerrechts (Zürich 1947), S. 63 ff.

Zeitpunkten wie die Vereinigten Staaten von Amerika 1783 oder die Türkei 1856 in sie ausdrücklich durch multilaterale Akte aufgenommen sind.

Es wäre daher der Forschung wert, ob es nicht einen (gerade nach dem zur Beachtung der besonderen Interessenlagen verpflichtenden Effektivitätsprinzip) rechtserheblichen Unterschied bildet, wenn eine Staatsneugründung im Raum des europäischen Friedens behauptet wird oder wenn sie sich in jenem Bereich südlich des Wendekreises des Krebses und westlich des Meridians von Ferro vollzogen haben soll, für den nach den Verträgen des 16. und 17. Jahrhunderts die völkerrechtliche Ordnung noch keine Gültigkeit haben sollte und damals das böse Wort von Francis Drake galt: no peace beyond the line.

Es kann nicht mein Vorhaben sein, hier glatte Lösungen zu bieten. Mein Vortrag muß sich der Aufgabe widmen, einen Beitrag zum Aufdecken der Problematik zu versuchen.

Die rechtliche Problematik wird in ihrer Tiefe und Wucht erst deutlich, wenn sie auf die politischen Spannungen bezogen wird, die unbewältigt hinter ihr aufsteigen. Aus diesem Grunde ist die Frage aufzuwerfen, ob es im Raum des europäischen Friedens, der von den nach der Geschichte als ursprünglich qualifizierten Mitgliedern der Völkerrechtsgemeinschaft zu gewährleisten ist, oder jedenfalls im Kernbereich dieses Friedens nicht nur eine politische, sondern eine auch völkerrechtliche Interdependenz der Staaten dort gibt. Auch diese Frage dürfte der Forschung wert sein. Ist sie zu bejahen, so hieße dies, daß an diesem Ort ein neues, die Völkerfamilie veränderndes Mitglied nicht aus Eigenem nach seinem Willen sich selber schaffen kann, sondern ein Einvernehmen aller in ihren Rechten dadurch berührten Staaten dieser Gefahrengemeinschaft erforderlich wäre, um solche Kreation als Friedenszustand auf die Dauer zu effektuieren. Der Einwand liegt nahe, dies habe sich bei der Staatsgründung des Norddeutschen Bundes 1867 und des Deutschen Reiches 1871 nicht bewahrheitet. Aber wird man davon absehen können, von welchen Kriegen jenes Ereignis begleitet war und daß es — in welch' gefährlicher Frage kein Schuldvorwurf ist — ein Deutschland zeitigte, das zu stark für den Frieden und zu schwach für den Krieg war?

Es ist kein Zufall, daß bei der rechtlichen Behandlung der deutschen Frage immer wieder die Erinnerung daran wach wird, daß der Westfälische Friede das letzte Grundgesetz des Römischen Reiches war und die deutsche Bundesakte von 1815 durch den Wiener Kongreß zum Bestandteil der internationalen Ordnung wurde. In diesen Akten tritt das Ringen um die rechtliche Formel des deutschen Staates hervor, der zwar nicht ein Staat ohne Formel sein konnte, aber dem eine weitgehend negative oder internationalisierte Formel gegeben werden sollte. So war die — im Westfälischen Frieden jedoch nicht durchgedrungene — Politik Richelieus darauf gerichtet, Kaiser und Reich zu trennen und durch die (1648 auch erwirkte) außenpolitische Souveränität der Reichsstände eine zentral-monarchische Regierung Deutschlands auszuschließen und Deutschland als eine Art kollektives System der Selbstverteidigung in Europa zu verfassen[35]).

Hieran muß sich als offene Frage die Erwägung knüpfen, ob nicht ein in seiner Gravitation oft gespürtes und viel gesuchtes Kriterium für die völkerrechtliche Qualifikation eines Staates sein **Staatsgedanke** im Sinne der wirklichen, nur von ihm innerhalb der Völkerfamilie und für sie zu leistenden Aufgabe ist[36]).

Ich darf hier eine seltsame Bemerkung Imbodens[37]) aufgreifen, der es beklagt, daß seit der nationalstaatlichen Doktrin Bodins die — wie er sagt — Formel eines Volkes aus der Rechtslehre verbannt und der Politik überlassen wurde. Welche Formel ist die des Staates Deutschland oder wäre je die der beiden angeblichen deutschen Staaten? Kann eine Gemeinschaft als durch ihre Unabhängigkeit und ihre Dauer zur Staatsqualität aufgestiegen bestehen, ohne daß alle am Völkerrecht Beteiligten von ihrem Notwendigsein für den Frieden überzeugt sind? Gibt es nicht zu denken, daß Helmut Plessner[38]) das Entstehen des von Bismarck geschaffenen Reiches eine Gründung des 19. Jahrhunderts ohne Staatsidee nennt?

---

[35]) vgl. P ü t t e r , Geist des Westfälischen Friedens (Göttingen 1795), besonders S. 452 ff.; Fritz D i c k m a n n , Der Westfälische Friede (Münster 1959), besonders S. 142 ff., 221 ff., 325 ff.
[36]) V e r d r o ß , a.a.O. S. 91 spricht davon, daß die „Staatsideologie" ein „Bestandteil der Staatsrealität" sei.
[37]) Max I m b o d e n , Die Staatsformen (Basel/Stuttgart 1959), S. 60.
[38]) Die verspätete Nation (Stuttgart 1959).

Die Vorbehaltsklauseln

Wie unberechtigt es wäre, diese offenen Fragen als bloß geistes-
geschichtliche Spekulation oder Ideologie abzutun, sollte einsehbar
werden, sobald sich von diesem Hintergrund der Blick zu den
Klauseln wendet, die im Augenblick das Merkzeichen für das Un-
gelöstsein der deutschen Fragen sind: die Vorbehalte im westlichen
Generalvertrag vom 23. Oktober 1954 und im Moskauer Vertrag
vom 20. September 1955.

In beiden Vertragswerken ist die Rede sowohl vom Erfordernis
der Einheit Deutschlands als auch vom Erfordernis eines Friedensvertrages. Die drei Westmächte haben sich neben den Notstands-
befugnissen ihre Rechte in bezug auf Deutschland als Ganzes vorbehalten. Die Sowjetunion hat sich diplomatischer ausgedrückt.
Aber wenn im 5. Artikel des Moskauer Vertrages die Übereinstimmung festgelegt wird, daß die Beteiligten die erforderlichen
Anstrengungen zu einer friedlichen Regelung für ganz Deutschland
und für die Einheit Deutschlands unternehmen werden, so wird
damit nicht nur eine Verbindlichkeit hierzu begründet, sondern
auch der sog. DDR die Selbstbestimmung in der deutschen Frage
versagt. Wünscht man — wie Pinto — eine vorgefaßte Meinung
mit formaler Logik zu beweisen, so eliminiert man aus der Wirklichkeit das, was zur Doktrin nicht stimmt, also hier diese Abreden, und läßt sie als bloß politisch beiseite.

Diese Abreden könnten jedoch allenfalls dann mit dem An-
schlußverbot für Österreich nach 1918 verglichen werden, wenn
man vorweg unterstellt, was erst noch der Prüfung bedarf, nämlich
daß sich in der Nachfolge Deutschlands bereits zwei selbständige
Staaten gegenüberstehen, die sich nur ohne Mitwirkung und Ge-
nehmigung ihrer Vertragspartner nicht zusammenschließen dürfen.
Eine solche Auslegung ist im Gegensatz zum Falle Österreich deshalb nicht möglich, weil umgekehrt die Einheit zum verpflichtenden Ziel erklärt und das Fehlen eines Friedensvertrages mit
Deutschland als Ganzem als ein noch zu behebender Mangel anerkannt wird. Bemerkenswert ist vor allem, daß dieses Recht nicht
erst durch die neuen Verträge mit den angeblichen beiden Staaten
begründet werden soll, sondern daß es als durch die kriegerische

Besetzung gegen den einheitlichen Staat Deutschland bereits erworben nur aufrechterhalten wird. Virally ist deshalb einmal auf die Konstruktion verfallen, daß Deutschland seit 1945 zwar nicht mehr als aktives, aber noch als passives, mit Pflichten belastetes Völkerrechtssubjekt bestehe.

In Wahrheit wird in diesen Klauseln das rechtliche Symptom dafür zu erblicken sein, daß sich die Besatzungsmächte bisher weder über den Untergang des Staates Deutschland noch darüber einigen konnten, wie dieser eine Staat oder ob an seiner Stelle mehrere Staaten in den europäischen Frieden und die Völkerrechtsgemeinschaft eingegliedert werden sollen. Wenn man so will, sind diese Klauseln das Zeichen nicht einer beendeten, sondern einer negativ andauernden Effektivität des Staates Deutschland[39]) und eine Bestätigung der völkerrechtlichen Interdependenz der am europäischen Frieden ursprünglich beteiligten Mitglieder der Völkerrechtsgemeinschaft, die eine Verfügung über das an dieser Gemeinschaft ebenfalls als ursprüngliches Mitglied beteiligte Deutschland nur im allseitigen Einvernehmen zuläßt.

Gehört es — wie man nach dem Stande der völkerrechtlichen Theorie annehmen darf — zur völkerrechtlichen Staatsqualität, daß ein in sich geordneter und selbstregierter Personenverband unabhängig von fremdem Willen und auf die Dauer befähigt sein muß, die völkerrechtliche Aufgabe der Friedenswahrung aus seinem Staatsgedanken heraus zu leisten, so dürfte durch diese Vorbehaltsklauseln und durch das Anerkenntnis der Erforderlichkeit eines Friedensvertrages zugestanden sein, daß die beiden Staatsteile je für sich oder auch die beiden angeblichen Staaten dazu noch nicht in der Lage und insoweit unter fremder Oberhoheit verblieben sind. Ich sehe in dieser Sachlage ein entscheidendes Merkmal. Auch wer die Faktizität überbetont, kann gerade an der Faktizität dieser Lage nicht vorbeikommen.

Für den völkerrechtlichen Staatsbegriff ist nach herrschender Meinung die als Souveränität bezeichnete volle Selbstregierung, die sich als in eigener Sache rechtlich Unabhängigsein von fremdem Willen manifestiert, ein wesentliches Kriterium. Die deutsche

---

[39]) vgl. A r n d t in Wehrbeitrag, Bd. III, S. 394/95.

Rechtslage kann deshalb nicht geklärt werden, wenn man — wie Pinto — in einer nur formalen Betrachtung die Vorbehaltsrechte ausklammert oder — wie Bieberstein — einfach annimmt, mit den sog. Souveränitätsdeklarationen seien für den angeblichen Weststaat und den angeblichen Oststaat die letzten Beschränkungen gefallen.

Es ist bemerkenswert, wie Bathurst und Simpson[40]) diese Vorbehaltsrechte definieren. Sie leiten sie für die Westalliierten aus der Besetzung ab „als von den drei Mächten für den Zweck künftiger Verhandlungen mit Rußland vorbehaltener Besatzungsrechte". Sie machen darauf aufmerksam, „daß das am 5. Mai 1955 in Kraft getretene Protokoll ein Protokoll zur Beendigung des Besatzungsregimes in der Bundesrepublik war, nicht eins zur Beendigung der Besatzung selbst. Diese Wahl des Ausdrucks war überlegt. Die drei Mächte waren bereit, das Besatzungsregime in der Bundesrepublik zu beenden, die Alliierte Hohe Kommission zu verabschieden und das Besatzungsstatut zu widerrufen; sie waren jedoch nicht willens oder sie beanspruchten nicht, die gemeinsame Besatzung Deutschlands ohne Einverständnis Rußlands zu beenden ... Zweifellos dauert deshalb im strikten Rechtssinne die Besetzung Deutschlands einschließlich der westlichen Zonen, der heutigen Bundesrepublik, an".

Unter Hinweis auf die im Ergebnis übereinstimmende Formulierung des Amerikaners Bishop[41]), diese Macht- und Rechtslage sei eine „durch Vertrag begrenzte Besetzung", definieren die beiden Engländer sie als residual occupation, als ein Andauern der Besetzung ganz Deutschlands für ihre bisher nicht erfüllten Zwecke: seine Einheit, den Friedensvertrag und die Verantwortung für Berlin.

Es ist falsch, einem westlichen oder östlichen Teile Deutschlands die volle Selbstregierung im Sinne völkerrechtlicher Souveränität zuzuerkennen.

---

[40]) E. M. Bathurst und F. L. Simpson, Germany and the North Atlantic Community (London 1956), S. 194/95.
[41]) Joseph W. Bishop in The American Journal of International Law, Bd. 49 (1955) S. 125 ff., 147.

28

So bedrohlich eine Sezession des Ostteils fortgeschritten sein
mag, steht doch auch er noch unter gleichen Vorbehalten von der
Sowjetunion her, so daß diese Überlagerung Deutschlands ein,
wenn auch trübes, Anzeichen restlicher Präsenz bildet.

Diese Rechtslage, die zugleich eine Machtlage ist, spricht auch
dagegen, daß im Kernbereich Europas ein Staatsteil eigenmächtig
und einseitig eine Sezession mit völkerrechtlicher Relevanz verwirklichen kann, und deutet auf die hier traditionelle rechtliche
Interdependenz der beteiligten Staaten hin, die einst Gentz[42]) für
den gewohnheitsrechtlichen Verfassungszustand des europäischen
Gleichgewichts mit dem Satz beschrieb: „Diejenige Verfassung ne-
beneinander bestehender oder mehr oder weniger miteinander ver-
bundener Staaten, vermöge deren keiner unter ihnen die Unabhängigkeit oder die wesentlichen Rechte eines anderen ohne wirk-
samen Widerstand von irgend einer Seite und folglich ohne Gefahr
für sich selber beschädigen kann".

Diese eine Souveränität ausschließenden Vorbehalte sind der
rechtliche Ansatz für die These von der Viermächte-Verantwor-
tung für Deutschland als Ganzes. Aus ihr folgt, daß es sowohl die
von der Bundesregierung in gesamtdeutscher Verantwortung wahr-
zunehmenden Rechte Deutschlands als auch die eigenen Rechte der
Westmächte verletzen würde, wollte man sich ausdrücklich oder
schlüssig auf einen status quo verständigen oder den Abschluß
eines separaten Friedensvertrages der Sowjetunion mit dem von ihr
kontrollierten Staatsteil Deutschlands hinnehmen. Zugleich beweisen die sowohl von den Westmächten als auch von der Sowjetunion insbesondere hinsichtlich Deutschlands als Ganzem auf-
rechterhaltenen Vorbehaltsrechte, daß bisher weder der eine Staat
Deutschland noch ein Teilstück davon die volle Handlungsfähigkeit einer nach außen hin unabhängigen Selbstregierung wieder-
erlangte. Ohne daß Deutschlands Rechtsstellung als originäres Sub-
jekt des Völkerrechts erloschen wäre, ist seine Handlungsfähigkeit
durch die Vorbehaltsrechte noch gemindert. Die aus falschem Prestigebedürfnis in Anspruch genommene, angebliche Souveränität der

---

[42]) zitiert nach Franz von Holtzendorff, Lehrbuch des Völkerrechts,
Bd. II (Hamburg 1887) S. 17.

als Bundesrepublik bezeichneten Organisation ist eine gefährliche Selbsttäuschung. Ebenso fehlt infolge dieser Vorbehaltsrechte auch der als DDR bezeichneten Organisation ein Maß an effektiver Souveränität, wie es völkerrechtlich notwendig ist, um einen eigenständigen, von fremdem Willen rechtlich unabhängigen Staat zu konstituieren.

Daß es sich bei alledem nicht bloß um theoretische Gedanken, sondern um die Auswirkung mächtiger Interessen handelt, wird in der Frage deutlich, ob und welche Schranken es innerhalb Deutschlands oder gegenüber Deutschland für die Einmischung gibt. Menzel[43]) ist darin beizupflichten, daß der noch im Fluß befindliche Vorgang, der auf eine völkerrechtliche Staatsbildung zwischen Elbe und Oder abzielt, nicht nur eine Sezession, sondern eine neue, besondersartige und selbständige Intervention wäre. Auch würde es sich dabei nicht nur um eine Staatsteilung, sondern im Widerspruch zum völkerrechtlichen Postulat der Selbstbestimmung um das Unternehmen einer Volksteilung handeln.

Rechtsfolgen der Theorien

Die Auseinandersetzung mit der Präsenztheorie und der Imperfekttheorie in Form der Zwei-Staaten-Forderung sowie die Abwägung zwischen beiden Theorien wiese eine entscheidende Lücke auf, wenn die rechtliche Tragweite eines jeden Standpunktes außer acht bliebe. Dabei darf es nicht darum gehen, ob die politischen Folgen erwünscht wären oder unerwünscht; dadurch würde man sich in ein unfruchtbares Wunschdenken verlieren oder, wie es in der deutschen Frage allseits geschieht, nur angeblich rechtliche Überlegungen zum ideologischen Vorspann von Machtinteressen herabwürdigen. Es gilt vielmehr, den Fehler zu vermeiden, ein völkerrechtliches Problem einseitig staatsrechtlich zu sehen, es nach einem im Völkerrecht als unzureichend erkannten Schematismus „Staatsgebiet, Staatsvolk, Staatsgewalt" wie ein abstraktes Rechenexempel zu behandeln und die Frage nach der Staatlichkeit aus ihren Zusammenhängen zu lösen.

---

[43]) „Zwei deutsche Staaten"? (nach dem Manuskript zitiert).

Wer sagt, daß es zwei deutsche Staaten gebe, kann es als Rechtsbehauptung verantwortlich nur aussprechen, wenn er sich darüber klar ist, welche Rechtslage im Ganzen er damit anerkennt. Das gleiche trifft selbstverständlich, wie noch zu erörtern sein wird, auf die Präsenztheorie zu.

Imperfekttheorie (Zwei-Staaten-Theorie) und Nichteinmischung

Die Zwei-Staaten-Theorie ist unauflöslich mit zwei Ansprüchen verschmolzen, die sofort auch im 1. Artikel des Moskauer Vertrages vom 20. September 1955 erhoben werden: gegenseitige Achtung der Souveränität und Nichteinmischung in die inneren Angelegenheiten. Der Begriff der Souveränität ist gegenwärtig im Völkerrecht dadurch positiviert, daß die Vereinten Nationen nach Artikel 2 Ziffer 1 ihrer Satzung auf dem Grundsatz der souveränen Gleichheit ihrer Mitglieder beruhen. Gleichwohl darf die negative Funktion dieses Begriffs nicht verkannt werden, dessen Aufgabe es nach einem Worte Schwarzenbergers[44]) ist, „den Vorrang des Rechts der Macht gegenüber der Macht des Rechts in der internationalen Gesellschaft zu behaupten". Dieser Machtanspruch schlägt sich in besonderem Maße in der Forderung nach Nichteinmischung nieder.

Daß in der Regel eine Intervention nicht zulässig sein darf, ist seit den Arbeiten der spanischen Spätscholastik zugleich Fundament und Schranke des Völkerrechts. Während ursprünglich der noch von Talleyrand verspottete Grundsatz der Nichtintervention nur Gewalt und Drohung mit Gewalt ausschloß, läßt sich eine durch die moderne Nachrichten-Technik, die Entwicklung der Massenmedien und die Wirksamkeit des demokratischen Legitimitätsprinzips bedingte Ausweitung dieses Rechtsgedankens beobachten. Wenn 1956 die beiden Thomas'[45]) schreiben, die Regel besage, daß jeder Staat die Pflicht habe, sich jeder feindlichen Propaganda gegen die Regierung eines befreundeten Staates zu enthalten, so

---

[44]) Georg S c h w a r z e n b e r g e r , Machtpolitik (Tübingen 1955), S. 57.
[45]) Ann van Wynen T h o m a s und A. J. T h o m a s jr. „Non-Intervention", Dallas/Texas USA, 1956, S. 273 ff.; s. ferner L. John M a r t i n „International Propaganda", Minneapolis 1958, besonders S. 62 ff.

mag allerdings diese Regel des Völkerrechts die am meisten verletzte sein. Gleichwohl ist festzustellen, daß — besonders in Verbindung mit der Kriegsächtung — das Verbot einer Intervention durch Propaganda, ausgehend auch vom Begriff der domaine réservée und entfaltet in dem für Panamerika geforderten Leitbild der guten Nachbarschaft, ständig an normativer Kraft gewinnt.

Dieses Verbot der Einmischung durch Propaganda begegnet uns in bilateralen Verträgen, die in den Jahren 1921/22 von der Sowjetunion mit Groß-Britannien, Polen, Norwegen, Italien und der Tschechoslowakei geschlossen wurden.

Seinen besonderen Niederschlag fand es in der — vielfach nur mit Vorbehalten unterzeichneten und noch nicht zur allgemeinen Regel gewordenen — International Convention vom 23. 9. 1936 über den Gebrauch des Rundfunks „in the Cause of Peace". Dort sind in Art. 1 Sendungen untersagt, welche die Bevölkerung eines anderen Staates zu Handlungen aufwiegeln, die mit der inneren Ordnung unvereinbar sind. Besonders bemerkenswert ist aus 1948 ein Vertrag zwischen Indien und Pakistan, der jede auf Wiedervereinigung beider Staaten gerichtete Propaganda als unzulässige Intervention ausschließt. Dieser Rechtsgedanke des Verbots der Intervention durch Propaganda hat Eingang gefunden in die Präambel der UN-Satzung durch die Zielsetzung der guten Nachbarschaft und in ihren 2. Artikel Ziffer 2 durch die Inkompetenz der Vereinten Nationen, sich in Angelegenheiten zu mischen, die ihrem Wesen nach in den eigenen Zuständigkeitsbereich eines Staates gehören. Man wird sagen dürfen, daß zwar private Handlungen, falls sie nicht getarnte Staatsaktivitäten sind, nur kraft eines besonderen Vertrages unzulässig werden können, aber das Verhalten eines Staates das völkerrechtliche Verbot der Intervention durch Propaganda verletzt, wenn Äußerungen seiner Staatsorgane zur unmittelbaren und gegenwärtigen Gefahr für das Regime, für das politische System eines anderen Staates werden. Das Kriterium der clear and present danger für die fremde Regierung hat Oliver Wendell Holmes aus der inneramerikanischen Rechtsprechung des Supreme Court in diese völkerrechtliche Theorie eingeführt.

In dieser Richtung ist die Zwei-Staaten-Theorie von Anfang an mit der Forderung verknüpft worden, daß die Wiedervereinigung eine solche Sache sei, die in den eigenen Zuständigkeitsbereich der angeblichen beiden deutschen Staaten gehöre. Aber — und dies ist das allerentscheidendste — die Zwei-Staaten-Theorie des Ostens ist nicht so gemeint, daß künftig jeder der angeblichen beiden Staaten je für sich das Gesamtinteresse eines einheitlichen deutschen Volkes je als seine eigene Sache behandeln dürfte, sondern diese Theorie zielt darauf ab, zwei Völker durch ein völkerrechtliches Nichteinmischungsgebot voneinander zu trennen und sie dem „Wettbewerbsfrieden" einer Art Klassenkampf ihrer gesellschaftlichen Kräfte zu unterstellen.

Nur scheinbar steht dies in Widerspruch mit der Abrede im Moskauer Vertrag von 1955, daß die sog. DDR eine Wiedervereinigung nur im Einvernehmen mit der Sowjetunion fördern und vollziehen darf. Denn auf diese Weise würden zunächst die Vereinten Nationen von einer Einwirkung ausgeschlossen und auch die Westmächte gegenüber der sog. DDR. Vor allem würde dadurch die völkerrechtliche Wand zwischen den angeblichen zwei deutschen Staaten errichtet, daß auf unserer Seite jedwede Äußerung einer Verantwortung für das ganze Deutschland und für das deutsche Volk insgesamt als eine völkerrechtswidrige Einmischung in die inneren Angelegenheiten eines anderen Staates, der sog. DDR, diskriminiert werden soll. Bundestag und Bundesregierung dürften sich, um sich nicht dem Vorwurf eines Völkerrechtsbruchs auszusetzen, mit keinem Vorgang zwischen Elbe und Oder mehr beschäftigen, den die Zonenregierung als innere Angelegnheit ihres Staates erklärt. Den Verfassungsorganen des Bundes wäre es verwehrt, ihr Einstehen für das ganze Volk zum Ausdruck zu bringen. Der in Anstalten des öffentlichen Rechts organisierte Rundfunk könnte eines völkerrechtlichen Delikts beschuldigt werden, wenn er über das international übliche Maß an Kritik hinaus zu Ereignissen und Zuständen zwischen Elbe und Oder als in eigener Sache Partei ergreift.

Es geht also nicht um die Scheinfrage des Anerkennens oder Nichtanerkennens der zweiten Regierung, auch nicht um die Stellungnahme zu einem theoretischen Streit, sondern um eine einschneidende Veränderung der Wirklichkeit durch das praktische Eingeständnis, daß im deutschen Raum zwei souveräne Völker unabhängig je für sich befähigt sind, auf die Dauer die friedenswahrende Aufgabe in der Völkerfamilie zu leisten, keines dieser beiden Völker sich mit den Angelegenheiten des anderen befassen darf und ohne gegenseitiges Einvernehmen keine Politik der Wiedervereinigung erlaubt ist. Zwar soll nach ihrer Ideologie auch für die sog. DDR die Wiedervereinigung ein Hauptziel der Staatsmacht bleiben, aber mit der Maßgabe, daß nicht erst Schritte zum Verwirklichen einer derartigen Politik, sondern schon jede darauf gerichtete Politik als solche, um zulässig zu sein, das vorangegangene Einvernehmen beider Regierungen voraussetze. Ihren aktuellen Ausdruck fand diese Konsequenz der Zwei-Staaten-Theorie darin, daß Chrouschtschow auf der V. Jahreskonferenz der ungarischen KP in Budapest 1959 erklärte, der Bundeskanzler habe kein Recht, sich in Berlin „einzumischen".

An dieser Stelle ist es angebracht, einer um sich greifenden Verwechslung entgegenzutreten, nämlich daß die rechtliche Möglichkeit eines Verhandelns zwischen den zwei in Deutschland tatsächlich bestehenden Regierungen mit dem Annehmen auch der Zwei-Staaten-Theorie gleichzusetzen sei. Das ist falsch. Weder ist es unerläßlich, um ein solches Verhandeln für statthaft zu halten, auf den Boden der Zwei-Staaten-Theorie zu treten, noch kann man, wenn man jene Theorie akzeptiert, sie auf das Erlaubtsein dieses Verhandelns beschränken, sondern muß sich klar sein, welchen Komplex einer umfassenden Rechtslage insgesamt man damit bejahen würde.

Rechtsfolgen der Präsenztheorie

Ich wende mich jetzt der anderen Seite zu, der entsprechenden Frage nach der rechtlichen Tragweite der Präsenztheorie. Wer sagt, daß der das ganze deutsche Volk umfassende Staat Deutschland völkerrechtlich präsent sei, kommt nicht daran vorbei, diese Präsenz auch für den Bereich zwischen Elbe und Oder zu bejahen.

Im Sommer 1948 berief Stödter[46]) sich darauf, daß Hans Peters[47]) im Vorjahr geschrieben hatte: „Mit der Bildung der Zen-

---

[46]) a.a.O. (Anm. 3), S. 256.
[47]) Neue Justiz, Bd. 1 (1947), S. 4.

tralverwaltungen für die sowjetische Besatzungszone sind in dieser Behörden geschaffen, deren Rechtsträger nur der deutsche Staat selbst sein kann. Da die Zone keine Gebietskörperschaft mit eigenen Hoheitsrechten ist, ist hier ein Verwaltungsbezirk für einen großen Teil Deutschlands entstanden, innerhalb dessen deutsche Behörden... deutsche Hoheitsgewalt für den deutschen Staat ausüben. Hier sowie bei den bizonalen Behörden im Westen besteht der gesamtdeutsche Staat als alleinmögliches Zurechnungsobjekt."

Diese rechtliche Einsicht, daß die Ämter in der Zone ebenfalls Staatsgewalt des einen Staates Deutschland ausüben, ist erst verdunkelt und verdrängt worden, seit die politischen Gegensätze sich zum Kalten Krieg verschärften und während vorübergehend auch im Westen Deutschlands eine Imperfekttheorie in Form der Kernstaat-Ideologie mit dem Anspruch entwickelt wurde, im Geltungsbereich des Bonner Grundgesetzes sei mit den von ihm eingesetzten Verfassungsorganen ein neuer Staat, der einzige und das Ganze repräsentierende deutsche Staat gegründet worden. So mußten von der westlichen Imperfekttheorie her aus politischen und ideologischen Erwägungen die Effektivität des Staates Deutschland östlich der Elbe geleugnet und den Ämtern dort jede Legalität abgesprochen werden.

Daß dies nichts als Ideologie war, wird durch eine Reihe von Tatsachen aufgedeckt: nicht nur durch die ständige und richtige Aufforderung an die Deutschen in der Zone, dort auszuharren und, soweit die Menschenrechte gewahrt werden, die Gesetzlichkeit hinzunehmen, und nicht nur durch zahlreiche, als technisch bezeichnete Kontakte und Abreden, sondern auch in der Rechtsprechung.

Die Gerichte im Westen fanden allerdings wenig Hilfe seitens der Rechtslehre und sahen sich in der Zivil- und Strafrechtsprechung vor staatsrechtliche Aufgaben gestellt, die ihnen sonst fernliegen. Die Judikatur ist deswegen in begreiflicher Weise nicht frei von Unklarheiten und Widersprüchen, aber sie fand noch immer zu der Grundlinie zurück, die der Bundesgerichtshof[48] so formuliert, daß sich bis zu den äußersten Grenzen des Möglichen das private Interesse des einzelnen dem gesamtdeutschen Interesse an

---

[48] BGH Z Bd. 20 S. 323 ff., 333 = NJW 1956, S. 1436.

der Aufrechterhaltung der deutschen Rechtseinheit unterordnen müsse.

In dieser Formel kann der Begriff der Rechtseinheit mißverstanden werden. Er wird nicht als Inhaltsgleichheit des Rechts aufgefaßt werden dürfen.

Die Inhaltsgleichheit ist fast bis auf den Rest zerstört, sogar dort, wo die Worte noch dieselben zu sein scheinen. Akte der Ämter in der Zone werden jedoch als gültig hingenommen, soweit sie nach dem Gleichwertigkeitsgrundsatz nicht wegen der Rechtsstaatwidrigkeit des Verfahrens als nichtig zu beurteilen sind oder ihrem Ergebnis nach nicht einen schlechterdings unerträglichen Widerspruch zu den Grundlagen unserer Staats- und Rechtsordnung bedeuten. Mit dieser Maßgabe besagt die Rechtsprechung, daß die von den Ämtern in der Zone ausgeübte Staatsgewalt deutsche Staatsgewalt ist, auch Gewalt des einen Staates Deutschland, und ihre Ausübung durch die Ämter in der Zone illegal wird, wo sie mißbraucht ist. Aber auch der Mißbrauch von Staatsgewalt setzt Staatsgewalt voraus. So hat das Oberlandesgericht Frankfurt/M.[49]) am 24. Juni 1959 für ein in der Zone aufgrund der zonalen Ehe-Verordnung vom 24. November 1955 ergangenes Scheidungsurteil ausgesprochen, daß es kein ausländisches Urteil, sondern wirksam ein deutsches Urteil nach deutschem Recht sei.

Dieselbe Grundlinie ist in der — allerdings umstrittenen — Rechtsprechung des Bundesverwaltungsgerichts (Urteile vom 14. Mai 1959) erkennbar[50]). Dort ist gesagt, den Deutschen in der Zone sei in der Regel zuzumuten, die dort geltenden Bewirtschaftungsvorschriften zu befolgen, selbst wenn sie wegen ihres Zustandekommens, ihrer Anwendung oder ihrer wirtschaftspolitischen Ziele rechtsstaatlichen Grundsätzen nicht entsprechen; und der Verwaltungsangehörige einer Zonenbehörde habe im Sinne des BVFG die besondere Zwangslage zu vertreten, in die ihn die Mißachtung von Dienstvorschriften führte. Diese Zumutungen sind jedoch nur zu rechtfertigen, solange sie das deutsche Staatsbewußtsein und (gesamt-) deutsche Verantwortung bezeugen. Selbstverständlich heißt das nicht, daß die Ämter in der Zone eine

---

[49]) NJW 1959, S. 2023; vgl. auch OLG Stuttgart in JZ 1959, S. 670.
[50]) NJW 1959, S. 2178 und S. 2180.

demokratische Legitimation besäßen, die ihnen offenkundig fehlt, ebenso wie sie bis zur Einbeziehung des Saarlandes in den Geltungsbereich des Grundgesetzes den Ämtern dort trotz einer scheinbaren Nachahmung demokratischer Formen abging. Aber die Selbstbeschränkung des Grundgesetzes im Artikel 23 entbindet davon, deutsche Staatsgewalt in Deutschland allein dann als bestehend und als gültig ausgeübt anzuerkennen, wenn der Machthaber, der sie ausübt, demokratisch legitimiert ist.

Diese Rechtsprechung widerlegt den gefährlichen Irrtum, daß die Präsenztheorie unvermeidlich eine sog. Bürgerkriegstheorie sein müsse, und bestätigt, daß deutsche Staatsgewalt nach wie vor auch in der Zone effektiv ist. Denn die Effektivität einer Staatsgewalt ist nach unstreitiger Lehre im Völkerrecht keineswegs mit der Effektivität einer Regierung oder gar einer legitimen Regierung identisch, sondern kann sich durch jede Äußerung der Staatsgewalt seitens irgendeines Amtes manifestieren[51]). Es besteht kein Anlaß zu dem Zugeständnis, daß alles, was sich zwischen Elbe und Oder an Staatsgewalt kundtut, deshalb Gewalt eines angeblich selbständigen Staates, der sog. DDR, sein müsse. Auch gibt es keinen Grund zu der Annahme, daß ein Staat sich durch die Einheit des Rechts oder dessen Inhaltsgleichheit für alle seine Gebiete qualifizieren müsse, eine Annahme, die mit der Rechtsgeschichte nicht vereinbar wäre.

Wer die Präsenztheorie bejaht, spricht damit zugleich aus, nicht nur daß es keinen neuen Staat gibt, der sich DDR nennt, sondern — worauf Bieberstein zutreffend aufmerksam macht — auch, daß die im freien Teile Deutschlands vom Grundgesetz geschaffene und leider so unglücklich als Bundesrepublik bezeichnete Organisation keinen Staat gegründet hat, weder einen neuen noch einen besonderen noch überhaupt einen[52]).

Was im Westen Deutschlands geschah, ist nach einem guten Wort von Theodor Heuß in seiner Abschiedsrede vor Bundestag und Bundesrat am 15. September 1959 nur, daß man sich eine „neue Hausordnung" gab. Die Bundesregierung wird dadurch in ihrer Aufgabe, allein für das ganze Deutschland, den einen Staat

---

[51]) V e r d r o ß , a.a.O. (Anm. 28) S. 189.
[52]) a.a.O. (Anm. 16) S. 125 ff., 128/9, s. auch S. 143, 156/57 sowie 232/33.

Deutschland, zu sprechen, nicht beeinträchtigt. Diese Aufgabe ist keine Frage der Legalität, sondern der Legitimität. Weil die Bundesregierung die einzige Regierung innerhalb des Staates Deutschland ist, die insoweit eine demokratische Legitimation besitzt, wie sie im freien Teile Deutschlands aus freien Wahlen hervorging, ist sie nach dem völkerrechtlichen Postulat des Selbstbestimmungsrechts der Völker berufen, treuhänderisch auch die Rechte jener Deutschen mitzuwahren, denen mitzuhandeln noch versagt ist.

Inhalt und Maß dieser Zuständigkeit der Bundesregierung finden darin ihre Bestätigung, daß sie Rechte des einen Staates Deutschland treuhänderisch wahren und seine bestehenden Verpflichtungen erfüllen, nicht aber ihn mit neuen Pflichten belasten kann[53]). Diese Rechtslage kommt besonders dadurch zum Ausdruck, daß die Bundesregierung staatsrechtlich gehalten ist, all' ihr Handeln ihrer (gesamt-) deutschen Verantwortung unterzuordnen[54]) und — auch nach ihren eigenen Erklärungen — keinen das ganze Deutschland bindenden Friedensvertrag abschließen kann[55]).

In diesem Zusammenhange sind die vielberufenen Regelungen im internationalen Verwaltungsrecht von nur untergeordneter Bedeutung, stellen bloß vorläufige Lösungen dar und sollten, weil es gefährlich wäre, nicht überspitzt werden[56]). Ebenso wenig, wie das Vertretensein in einer multilateral begründeten Organisation, zu-

---

[53]) v o n d e r H e y d t e, a.a.O. (s. Anm. 5) S. 22; A r n d t in Wehrbeitrag, Bd. III, S. 457, 528/29, 612.

[54]) B i e b e r s t e i n a.a.O. (s. Anm. 16) S. 143.

[55]) B i e b e r s t e i n S. 156/57; im Ergebnis ebenso P i n t o, a.a.O. (Anm. 18) S. 322 ff. Hier widerspricht Pinto sich. Gäbe es künftig zwei souveräne deutsche Staaten, was sollte einem Friedensvertrag mit jedem von ihnen entgegenstehen? Im Anerkenntnis der Notwendigkeit eines Friedensvertrages mit Deutschland als ganzem spiegeln sich Effektivität und Souveränität des Staates Deutschland.

[56]) Ein bemerkenswerter Ausweg wurde bei Verabschiedung des Bundesgesetzes über die Beteiligung der Bundesrepublik Deutschland an den Internationalen Übereinkommen vom 25. Oktober 1952 über den Eisenbahnfrachtverkehr und über den Eisenbahn-Personen- und Gepäckverkehr vom 15. Febr. 1956 (BGBl. II S. 33) gefunden. Vgl. den Bericht des Bundestagsausschusses für Verkehrswesen vom 11. 1. 1956 in der Bundestags-Drucksache (2. Wahlperiode 1953) Nr. 2023. Die Teile Deutschlands können die Rechte und Pflichten eines Mitglieds der Berner Union dadurch erwerben, daß sie die Übereinkommen zum Gegenstand ihrer innerstaatlichen Gesetzgebung machen. Der völkerrechtliche Nexus tritt nach der Verklammerungsklausel mit der Bekanntgabe des Gesetzes an die Schweizer Bundesregierung ein.

mal wenn ein einseitiger Beitritt möglich ist, die Anerkennung als
rechtmäßige Regierung oder als Staat präjudiziert[57]), ist der Um-
kehrschluß angebracht, die Mitwirkung in einer solchen Organisation beweise etwas. Daraus, daß die Bundesregierung in multilateral begründeten Organisationen des internationalen Verwal-
tungsrechts die deutsche Stimme führt, sollte deshalb nicht die
Mitgliedschaft einer Bundesrepublik im engeren Sinne als eines
Kernstaats oder repräsentierenden Teilstaats oder gar des derzeit
einzigen deutschen Staates gefolgert, sondern darin nüchtern nicht
mehr gesehen werden, als daß die Bundesregierung insoweit den
einen präsenten, das deutsche Volk insgesamt umfassenden Staat
Deutschland identifiziert, in den Grenzen, in denen es ihr möglich
ist, also auch ohne Rechtsverlust, soweit es einmal, vielleicht bei
der Luftfahrt, sich ihrer Macht entzieht. Die Rechtsfrage Deutschland hat ein zu schweres Gewicht, als daß man für sie die Maß-
stäbe aus den zuweilen auch behelfsweise oder vorläufig tunlichen
Verwaltungslösungen des Post- und Eisenbahnverkehrs, des Ur-
heberrechts, der Luftfahrt usw. festlegen dürfte.

Ich wiederhole, daß nichts in der Präsenztheorie zu Auffassun-
gen zwingt, die man mit dem unheilvollen Wort Bürgerkriegstheorie charakterisierte. Wer die Präsenztheorie bejaht, sagt vielmehr — darüber ist Klarheit notwendig, — daß es in dem einen
Staate Deutschland auch Staatsgewalt gibt, die nicht durch das
Bonner Grundgesetz verfaßt ist. Aus dieser Sicht üben zwar selbstverständlich die vom Grundgesetz eingesetzten Verfassungsorgane
deutsche Staatsgewalt aus, aber nicht sie allein und nicht das
Ganze der Staatsgewalt.

Weil das Grundgesetz noch nicht das gesamte deutsche Volk in
Verfassung bringen konnte, steht es außerhalb seines Geltungs-
bereichs der Effektivität von nicht im Grundgesetz organisierter
Staatsgewalt nicht entgegen, ja es setzt diese Effektivität sogar
voraus, weil sie das fortdauernde Dasein des ganzen Staates
Deutschland bekräftigt. Das aber heißt, daß die Frage, ob und wie
eine — durch die interzonalen Abreden ja bestehende, wenn auch

---

[57]) P i n t o a.a.O. (Anm. 18) S. 374 ff. So besteht z. B. die Völkermord-
Konvention vom 9. Dezember 1948 auch zwischen Staaten, die sich nicht an-
erkennen.

notdürftig camouflierte — Beziehung zwischen den beiden Regierungen in Deutschland möglich sein kann, kein rechtliches, sondern ein nur p o l i t i s c h e s Problem ist,⁵⁸), allerdings innerhalb zweier unüberschreitbarer Grenzen. Erstens darf eine solche Beziehung nicht die gesamtdeutsche Verantwortung verletzen, also weder geeignet noch darauf gerichtet sein, den einen Staat Deutschland aufzulösen. Zweitens darf sie nicht die aus dem völkerrechtlichen Titel der Besetzung herrührende Verpflichtung der drittbeteiligten Staaten berühren, die Einheit des Staates Deutschland zu wahren und dem deutschen Volke die Selbstbestimmung zu ermöglichen, eine Verpflichtung der drittbeteiligten Mächte, die selbst dann bestünde, wenn sie nicht ausdrücklich in den Vorbehaltsrechten und den Verträgen der Jahre 1954—55 zum Ausdruck gekommen wäre.

Berlin

Die Beschreibung, welchen Komplex einer vielfältigen Rechtslage man annimmt, wenn man sich die Rechtsbehauptung der Präsenztheorie zu eigen macht, wäre nicht vollständig, ohne auf das Problem B e r l i n einzugehen. Das Unzureichende der sonstigen Erklärungsversuche, die samt und sonders unter dem Begriff Imperfekttheorie zusammengefaßt werden können, erweist sich daran, daß sie Berlin und früher auch die Saar ausgeklammert haben. Ob einer Theorie ein hinreichender Gehalt an Wirklichkeit innewohnt, zeigt sich daran, inwieweit sie fähig ist, die gegebene Lage zu deuten. Muß eine Theorie aber, um scheinbar schlüssig zu sein, ein so wesentliches Stück Wirklichkeit wie Berlin außer Be-

---

⁵⁸) a. A. Helmut R u m p f in Bulletin des Presse- und Informationsamtes der Bundesregierung Nr. 53 / S. 481 vom 19. März 1958, der aufgrund der falschverstandenen Identitäts-Theorie (vgl. B i e b e r s t e i n , S. 131 ff.) die unhaltbare Auffassung verficht, daß „Verhandlungen mit Pankow auch rechtlich unmöglich" seien. Die richtig verstandene Identitätslehre stimmt mit der Präsenz-Theorie überein und besagt, daß der eine Staat Deutschland in seiner Kontinuität durch die O r g a n e , die in seinen Teilen geschaffen sind, identifiziert wird; keineswegs kann sie den Widersinn bedeuten, daß 50 Millionen Menschen in Westdeutschland mit 70 Millionen im ganzen Deutschland „identisch" seien. Die Einheit der Staats-„Person" resultiert aus der Identität des Volkes, nicht dagegen kann aus der abstrakten Staats-„Person" auf das Volk geschlossen werden.

40

tracht lassen, oder führt sie insoweit zu falschen Fragen, so liegt es
nicht an der Wirklichkeit, daß sie nicht zur Theorie stimmt, sondern so stimmt die Theorie nicht.

Erst von der Unterstellung aus, der Parlamentarische Rat habe
durch das Bonner Grundgesetz die „Errichtung" einer Bundesrepublik als eines neuen Staates unternommen[59]), kann es zu der ver-
fehlten Frage kommen, ob Berlin zu diesem vermeintlichen Teil-
staat gehöre. Bereits in der 3. Sitzung des Verfassungs-Konvents
von Herrenchiemsee am 11. 8. 1948 hatte jedoch Otto Suhr die
heute noch gültige Mahnung ausgesprochen[60]): „... daß es sich
nicht darum handeln kann, einen Weststaat zu schaffen; denn es
ist selbstverständlich, daß die Schaffung eines Weststaats sofort
die Schaffung eines Oststaates nach sich ziehen würde. Daß damit
das Schicksal Berlins besiegelt wäre, ist selbstverständlich".

Nicht die Lage Berlins ist anomal, sondern Berlin ist der typi-
sche, der klassische Ausdruck der Rechtslage Deutschlands, die
allgemein insoweit noch abnorm ist, wie das Selbstbestimmungsrecht des ganzen Volkes sich noch nicht frei entfalten konnte. Es
geht nicht an, aus verkehrtem Prestigebedürfnis entsprechend dem
einst falschen Schlagwort „im Felde unbesiegt" sich sonst in
Deutschland dem Wunschtraum hinzugeben „in Zukunft unbe-
setzt", während in Wahrheit die Besetzung Berlin nur die Be-
schränkung der Souveränität für das g a n z e deutsche Volk in
seiner Hauptstadt manifestiert und dadurch die Behauptung des
Entstehens von zwei souveränen Staaten in Deutschland widerlegt. Berlin symbolisiert auch die Tatsächlichkei der zu wahrenden
und noch zu vollendenden Einheit des Staates Deutschland und
das eigene Recht, einmal darüber in freier Selbstbestimmung zu
entscheiden.

Was unter dem Plafond der Besatzungsmacht in Berlin an eigen-
ständiger Staatsgewalt effektiv ist, stellt deutsche Staatsgewalt
dar[61]), — welcher Einsicht gegenüber es von untergeordneter Be-

---

[59]) so aber leider Joachim R o t t m a n n , Der Viermächte-Status Berlins
(Bonn/Berlin 1959).
[60]) Protokoll S. 40.
[61]) A r n d t in Wehrbeitrag, Bd. III, S. 383; s. auch S t ö d t e r , (Anm. 3)
S. 248 ff., 265.

deutung ist, inwieweit diese deutsche Staatsgewalt in Berlin auch
schon vom Bonner Grundgesetz verfaßt wurde, d. h. mit welcher
von den Besatzungsmächten noch gezogenen Grenzen das Grundgesetz in Berlin gilt. Es steht nicht in Frage, daß Berlin sich außerhalb des einen deutschen Staates befände, sondern es geht nur
darum, seine Integration in das politische System — um eine Re-
solution des Königsteiner Kreises vom 15. Dezember 1956 zu
zitieren — in solchen rechtlichen Formen zu fördern, die den bestehenden Schutz Berlins, seine Verbindungen mit dem Westen und
seine Entwicklungsmöglichkeiten im Sinne der Wiedervereinigung
nicht beeinträchtigen. An Berlin zeigt sich sowohl das Noch-Dasein
der Besetzung in Deutschland, als auch das Bemessen-Sein der Besatzungsmacht.

Daß es Rechte und Pflichten der ursprünglichen Besatzungsmächte aus den Deutschland als Ganzes betreffenden internationalen Abkommen noch gibt, hat die Sowjetunion in ihrer Erklärung
vom 25. Januar 1955 zur Beendigung des Kriegszustandes mit
ganz Deutschland anerkannt. Aus dem von Chrouschtschow, Ul-
bricht und Grotewohl am 19. Juni 1959 in Moskau unterzeichneten Kommuniqué geht ebenfalls das Anerkenntnis dieser Rechte,
also auch der Rechte der Westalliierten in Berlin, hervor, indem
dort gesagt wird, daß sie ihre Gültigkeit erst durch einen Friedensvertrag verlieren könnten. Aber es wäre verfehlt, diese Rechtslage
allein noch aus der Macht der Eroberer herzuleiten. Die New
Yorker und Pariser Vier-Mächte-Abkommen vom 4. Mai und
20. Juni 1949 zur Beendigung der Berliner Blockade sind Abkommen über ganz Deutschland und zu Gunsten ganz Deutschlands,
welche das Verbundensein Berlins mit dem Westen Deutschlands
festlegen. Im Einklang mit diesen Abkommen übernahmen die vom
Bonner Grundgesetz eingerichteten Verfassungsorgane die völkerrechtliche Vertretung Berlins. Der Vier-Mächte-Status Berlins ist
nach einem guten Worte Wenglers „das institutionelle Symbol der
Verpflichtung, dem deutschen Volke die Chance der Wiedervereinigung zu geben".

Das Selbstbestimmungsrecht als Grenzregel

Denn mag auch noch unentschieden sein, ob das im einzelnen umstrittene Selbstbestimmungsrecht der Völker bereits zu einem allgemeinen Völkerrechtssatz erstarkte, so wird diesem Prinzip oder Postulat in einer Zeit, zu der in den ehemaligen Kolonialräumen den Völkern nicht mehr die Selbstbestimmung verwehrt werden kann, die Kraft einer Grenzregel nicht abgesprochen werden können. Diese Grenzregel kann nicht durch Abmachungen der Besatzungsmächte unter sich, auch nicht durch einen separaten Friedensvertrag ohne Bruch des Völkerrechts aufgehoben werden.

Ähnlich wie die Institution des Mandats hat die Interventionsbesetzung Deutschlands ihre äußerste Schranke in diesem Selbstbestimmungsrecht der Völker. Nicht mehr oder nicht nur aus der Macht der Eroberer, sondern aus der völkerrechtlichen Verantwortung für den europäischen Frieden und aus der völkerrechtlichen Verpflichtung gegenüber dem einen Staate ganz Deutschland als einem originären Mitglied der Völkerrechtsgemeinschaft ist die Rechtslage Berlins, seine Verbundenheit mit dem deutschen Volke und seine Symbolkraft für die Präsenz des einen Staates Deutschland gewährleistet. Rechtlich und im Bewußtsein unseres Volkes ist Berlin (wie es in der Berlin-Erklärung 1959 des Kuratoriums Unteilbares Deutschland heißt) die Hauptstadt des nie aufgelösten Staates Deutschland geblieben und Ausdruck des deuschen Willens zur Einheit.

Die Berücksichtigung der Vorbehaltsrechte hinsichtlich Deutschlands als Gesamtheit heißt nichts weniger, als sich auf Besatzungsrecht berufen oder gar versteifen. Gerade weil die Vorbehaltsrechte und soweit sie durch die Besetzung Deutschlands erworben wurden, ist der einzige dem Völkerrecht entsprechende Weg ihrer Aufhebung die Freigabe für das deutsche Volk, sein eigenes Recht als ursprüngliches Mitglied der Völkerrechtsgemeinschaft unabhängig wieder selber auszuüben. Darin unterscheidet sich der das deutsche Volk als ganzes umfassende Staat Deutschland von seinen Teilen, daß seine Souveränität der Besetzung vorausging, während die Teile, denen jetzt Souveränität zugesprochen werden soll, noch niemals souverän und noch niemals für sich Subjekte der Völkerrechtsgemeinschaft waren. Gerade darum wäre es kein Ende der Besetzung, sondern ihre zu einer neuen und dem Völkerrecht widersprechenden Intervention verschärfte Steigerung, falls die gemeinsame Selbstbestimmung des deutschen Volkes durch die vorzeitige Anerkennung einer Sezession unmöglich gemacht würde.

Daß eine Sezession im Gange ist und einen bedenklichen Grad erreichte, ist eine Tatsache, an der man nicht vorbeisehen darf. Aber ebenso ist es ein anerkannter Grundsatz des Völkerrechts, daß die vorzeitige Anerkennug einer Sezession, die den Sezessionsteil zum souveränen Staat erhebt, eine völkerrechtswidrige Intervention darstellt[62]).

Nicht zuletzt ist in diesem Zusammenhange darauf hinzuweisen, daß die Diskriminierungsklausel in Art. 107 der UN-Charta nicht nur gegen, sondern auch für Deutschland als Staat gilt. Denn darin ist am 26. Juni 1945 — also noch nach der Kapitulation und während der vollständigen Besetzung — das ganze Deutschland als ein Staat festgestellt.

Der eigene Beitrag zur Rechtsbehauptung

Ich ging aus von der Unterteilung in unangefochtene Rechtsfeststellung oder Rechtsbehauptung oder Rechtsanspruch. Als Rechtsbehauptung umschrieb ich eine Position, die nicht, wie der bloße Anspruch, ohne eigene Macht auf eine allein von fremden Staaten abhängige Zukunft verweist, sondern in der eine Selbstbehauptung zur Verwirklichung des Rechts noch beitragen kann.

In der deutschen Frage ist zwischen der Imperfekttheorie, gleich welcher Form, und der Präsenztheorie zu wählen und abzuwägen.

Die Präsenztheorie behält nur Sinn, solange es noch möglich bleibt, im gesamten Bereich des ganzen deutschen Volkes Äußerungen einer Staatsgewalt zu finden, die trotz der Verschiedenheit in der Ausübung und im Inhalt ernstlich als Staatsgewalt des einen deutschen Staates aus dem Ursprung desselben Volkes ver-

---

62) vgl. Hans-Herbert T e u s c h e r , Die vorzeitige Anerkennung im Völkerrecht (Berlin 1959).

standen werden kann. Niemand wird die Augen davor verschließen
dürfen, welchen unmittelbar lebensgefährlichen Grad die Des-
integration des Staates Deutschland erreichte. Es ging hier nicht
darum, die furchtbaren Merkmale des Zerfalls, der von außen ein-
wirkenden und auf Spaltung gerichteten Störung und der inneren
Entfremdung nachzuzeichnen, deren Heilung im günstigsten Falle
eine unendlich mühsame und vieljährige Aufgabe der Rechtspolitik
sein wird.

Die rechtlich mit Nüchternheit zu beantwortende Frage ist, ob
der Präsenztheorie noch ein so hinreichender Grad an Wirklichkeitsgehalt zuzusprechen ist, daß man wahrhaft sagen darf, überall,
wo das deutsche Volk lebt, verkörpere sich sein Wille in Staatsgewalt, die von ihm ausgeht, — auch soweit diese Staatsgewalt
mißbraucht, auch soweit sie mit falscher Deutung ausgeübt wird,
auch soweit sie von Besatzungsmacht überlagert ist. Wird ein noch
zulängliches Maß solcher Staatsgewalt als effektiv bejaht, so heißt
dies zugleich, daß ohne die eigene Mitwirkung des deutschen Volkes nicht ausschließlich von fremden Mächten über seinen Staat und
gegen ihn entschieden werden kann. Mit anderen Worten: sofern
es noch vom eigenen Beitrag des deutschen Volkes mitabhängt,
was aus seinem Staate wird, behauptet es sich noch als ein Staatsvolk und kann man ihm das völkerrechtliche Bestehen seines Staates Deutschland nicht absprechen[63]). Nach meiner Überzeugung hat
diese Erklärung der deutschen Frage noch Sinn; aber sie ist die einzige
und letzte vor dem Eingeständnis, daß anstelle des einen Staates
Deutschland, wie jammervoll es um ihn stehen mag, eine Mehrheit
von Staaten mit getrennten Staatsvölkern zu der Aufgabe befähigt
ist und sie sich angeeignet hat, als selbständige Mitglieder der
internationalen Gesellschaft deren Frieden zu wahren, ohne daß es
dazu künftig eines das ganze deutsche Volk umfassenden Staates
bedürfte.

---

[63]) Darum spricht die von Herbert K r ö g e r in seinem (als Flugschrift
verbreiteten) „Gutachten zur Frage der rechtlichen Möglichkeiten einer Auf-
hebung des Verbots der Kommunistischen Partei Deutschlands" gebrauchte
Formel „daß die Frage der Wiedervereinigung Deutschlands durch das deutsche
Volk selbst gelöst werden muß", gegen die Zwei-Staaten-Theorie; denn diese
Formel setzt ein einheitliches Staatsvolk voraus.

Nicht nur politisch, sondern auch rechtlich wird dieses Verständnis allerdings seinen Rest an Sinn einzig dann behalten, wenn das tief ermattete deutsche Staatsbewußtsein nicht noch weiter absinkt, insbesondere im freien Teil Deutschlands nicht einem „bundesrepublikanischen" Staatsbewußtsein weicht, wie es uns tagtäglich durch tausendmaltausend Worte einer falschen Sprache eingebrannt wird, daß wir selber durch das Bonner Grundgesetz die Hand zu einer neuen Staatsgründung geboten hätten und gegenwärtig der Staat Deutschland auf diesen neu errichteten Staat als den allein bestehenden zusammengeschrumpft sei.

Eine Formel für Deutschland

Nicht zuletzt wird dieses Verständnis der deutschen Lage, daß noch der Staat Deutschland da ist, seinen Sinn einzig finden und bewahren können, wenn es gelingt, die rechtliche Formel dieses Staates zu klären. Ebenso wie Recht nur aus der Überzeugung von seiner Notwendigkeit gilt, dauert auch ein Staat nur, von dessen Notwendigkeit — seiner Unentbehrlichkeit für den Frieden der Völkerfamilie — alle Beteiligten überzeugt sind. Uns ist deshalb die Prüfung nicht erspart, ob Herders Idee vom Volke ausreicht, um rechtlich diesen Staat zu legitimieren.

Auf der Suche nach der rechtlichen Formel für Deutschland, weil es der Staatsgedanke ist, der als die friedenswahrende Aufgabe einen Staat völkerrechtlich mitkonstituiert, dämmert die weite Problematik unserer Geschichte aus den Jahrhunderten herauf, einst der Konflikt zwischen der alten Reichsidee und der neuzeitlichen Nationalstaatlichkeit, die vergangene Rivalität zwischen Wien und Berlin, die seit 1945 wiederbelebte Mainlinie als Trennung von zwei Staatsgedanken sowie die Besonderheit der Beziehungen von Staat und Kirche in einem Deutschland, in dem zwei Konfessionen dominant sein wollen.

Die politische und die rechtliche Problematik sind notwendig einander kongruent, weil eine Rechtsbetrachtung, die kein Auge für die politischen Triebkräfte hätte, inhaltslose Spekulation wäre.

Als Ausblick muß deshalb zum Schluß gesagt werden, daß jenseits des vordergründigen Parteienstreits es hintergründig eine der wahren Fragen ist, ob Deutschland ein — auch konfessionell akzentuiertes — Ostproblem Europas ist[64]), weil es ohne eine von den Nachbarstaaten nicht zugelassene Hegemonie nur einheitlich zusammen mit dem Schicksal der osteuropäischen Völker gelöst werden könnte, oder ob es eine selbständige Formel für Deutschland als Mittelstück des europäischen Friedens geben kann. In diesem Ringen sollte der vielleicht sogar dadurch begünstigte, jedenfalls als eine stärkste Gefahr aktuelle Expansionsdrang der Sowjetunion nicht zum Alibi vor der Geschichte dienen.

Wir selber werden die Frage nach der rechtlichen Formel für Deutschland mitzubeantworten haben. Denn eine Rechtsbehauptung läßt sich nicht passiv oder bloß verbal mit Deklarationen wahren. Sie bleibt wirklich nur, soweit sie eigenen Einfluß darauf nimmt, daß ein einheitliches und freies Deutschland mit seiner politischen und rechtlichen Formel für alle Beteiligten die Notwendigkeit darstellt, den europäischen Frieden zu gewinnen. Auch infolge der ideologischen Unterwanderung des Grundgesetzes, als habe es einen Weststaat gegründet, fallen auf uns die Schatten der Resignation, deren rechtliche Relevanz für die Entwicklung einer Sezession Menzel betont hat.

Aber eine Teilung Deutschlands wäre ebenso wenig ein unabwendbares Verhängnis, wie uns eine unverlierbare Unteilbarkeit Deutschlands verheißen ist. Die rechtliche Erwägung endet dort, wo das Wagnis des politischen Handelns beginnen sollte.

---

[64]) vgl. Paul Wilhelm W e n g e r „Wer gewinnt Deutschland?" (Stuttgart 1959), S. 44. Ohne daß ich Wengers politischen und deshalb hier nicht zu erörternden Gedanken zustimmen könnte, ist zu sagen, daß Wenger die Kernfrage nach der Formel für Deutschland zeigt. Dagegen wird diese Frage bei Alfred R a p p „Bonn auf der Waage" (Stuttgart 1959), verkannt und verwirrt. Rapp erliegt dem landläufigen Irrtum, daß sich gegen den Staat Deutschland wende, wer geltend macht, daß das Bonner Grundgesetz keinen Weststaat oder Kernstaat geschaffen hat.

WÖRTERBUCH DES VÖLKERRECHTS

BEGRÜNDET VON PROFESSOR DR. KARL STRUPP

In völlig neu bearbeiteter zweiter Auflage herausgegeben von
Dr. iur. HANS-JÜRGEN SCHLOCHAUER, o. ö. Professor an der
Universität Frankfurt am Main, unter Zusammenarbeit mit
Professor Dr. Herbert Krüger, Prof. Dr. Hermann Mosler und
Professor Dr. Ulrich Scheuner in Verbindung mit der Deutschen
Gesellschaft für Völkerrecht.

Die veränderte weltpolitische Lage und die Fortentwicklung des
Völkerrechts seit dem Erscheinen des Werkes lassen eine Neu-
auflage des Wörterbuches jetzt geboten erscheinen. Sie erstrebt eine
möglichst gleichmäßige Bearbeitung aller internationalrechtlichen
Fragen.

Dieses Ziel macht eine völlige Neubearbeitung und eine weitgehende Umgestaltung der ersten Auflage erforderlich. Aus ihr sind
etwa die Hälfte der Stichwörter nicht übernommen worden, so daß
jener Auflage, vor allem zu historischen Fragen, weiterhin Bedeutung zukommt. Den erhalten gebliebenen, zum großen Teil aber in
einen anderen Zusammenhang gestellten Titeln sind etwa 700 neue
Stichwörter hinzugefügt. Infolge der prägnanten Fassung der
Artikel und der wechselseitigen Abstimmung der Beiträge über-
schreitet die Behandlung von nunmehr ca. 1200 Stichwörtern den-
noch nicht den Umfang der ersten Auflage. Die Beiträge sind, im
Interesse der Einheit des Gesamtwerkes, durchweg im Sommer 1959
abgeschlossen.

Die neue Auflage wird drei Bände von je ca. 800 Seiten umfassen.
Der erste Band, der die Stichwörter „Aachener Kongreß" bis
„Hussar-Fall" enthält, wird geschlossen (nicht in Lieferungen) im
Frühjahr 1960 ausgegeben. Herausgeber und Verlag sind bestrebt,
das Werk bis zum Jahre 1962 abzuschließen.

Subskriptionspreis für Band I, 800 Seiten, 1960, Halbleder
DM 160,— (bis 3 Monate nach Erscheinen).
Ladenpreis des ersten Bandes Halbleder DM 180,—.

Der Kauf des ersten Bandes verpflichtet zur Abnahme des Gesamtwerkes.

*Ein Prospekt mit Probeseiten und dem Verzeichnis der Mitarbeiter
steht zur Verfügung.*

WALTER DE GRUYTER & CO. / BERLIN W 35

vormals **G. J. Göschen'sche Verlagshandlung** / **J. Guttentag, Verlagsbuchhandlung** / **Georg Reimer** / **Karl J. Trübner** / **Veit & Comp.**

SCHÄTZEL

Das deutsche Staatsangehörigkeitsrecht

Kommentar zu dem Reichs- und Staatsangehörigkeitsgesetz vom
22. Juli 1913, den Staatsangehörigkeitsbestimmungen der Verfassungen und der Saarüberleitung und den Staatsangehörigkeitsregelungsgesetzen vom 22. Februar 1955 und 17. Mai 1956.
Zweite Auflage von Dr. **Walter Schätzel**, em. o. Professor
an der Universität Bonn. Oktav. XII, 408 Seiten. 1958. Ganzleinen
DM 38,—. *(Sammlung Guttentag Band 245)*.

„Sorgfältig zusammengestellte Tabellen aller für Staatsangehörigkeitsfragen in Betracht kommender Gesetze sowie ein umfangreiches
Verzeichnis vervollständigen das verdienstvolle Werk so, daß es geradezu als unentbehrlich für den Sachbearbeiter bezeichnet werden
muß."   *Juristische Neuerscheinungen*

LEIBHOLZ

Das Wesen der Repräsentation und der Gestaltwandel der Demokratie

Zweite, durch einen Vortrag erweiterte Auflage von Dr. phil. Dr. jur.
Gerhard Leibholz, Professor an der Universität Göttingen,
Richter am Bundesverfassungsgericht. Etwa 250 Seiten. 1960. Etwa
DM 24,—. *Im Druck.*

WESTERATH

Die Wahlverfahren und ihre Vereinbarkeit mit den demokratischen Anforderungen an das Wahlrecht

Von Dr. jur. **Heribert Westerath**. Oktav. VIII, 71 Seiten.
1955. DM 7,25. *(Münsterische Beiträge zur Rechts- und Staatswissenschaft, Heft 3)*

Der deutsche Staat im Jahre 1945 und seither — Die Berufsbeamten und die Staatskrisen

Berichte von A. Freiherr **von der Heydte**, **Günter Dürig**,
Richard Naumann, **Hans Spanner**. Oktav. 202 Seiten.
1955. DM 18,—. *(Veröffentlichungen der Vereinigung der deutschen
Staatsrechtslehrer, Heft 13)*

Parlament und Regierung im modernen Staat — Die Organisationsgewalt

Berichte von **Ernst Friesenhahn**, **Karl Josef Partsch**,
Arnold Köttgen, **Felix Ermacora**. Oktav. 283 Seiten.
1958. DM 24,—. *(Veröffentlichungen der Vereinigung der Deutschen
Staatsrechtslehrer, Heft 16)*

WALTER DE GRUYTER & CO. / BERLIN W 35

vormals G. J. Göschen'sche Verlagshandlung / J. Guttentag, Verlagsbuchhandlung / Georg Reimer / Karl J. Trübner / Veit & Comp.

www.ingramcontent.com/pod-product-compliance
Lightning Source LLC
Chambersburg PA
CBHW050653190326
41458CB00008B/2545

* 9 7 8 3 1 1 0 0 1 5 8 2 9 *